巴奈回家

Return to the Motherland

凱道・二二八公園的二六四四天

巴奈 / 徐璐——著

這兩個字

我卑微地卑微地
活著
我卑微地卑微地
幻想
撐一片天
撐一個夢
撐一個希望
爭一個尊嚴
這兩個字
兩個字
兩個字

——巴奈

目錄

推薦文　為族群主流化的平等理想一起努力／李雪莉　008
推薦文　跟著巴奈回家／洪廣冀　014
推薦文　往前走，別回頭／馬世芳　032
自　序　一種信仰 一種渴望／巴奈　036

第一章　巴奈與那布
泥娃娃　040
流浪記　060
那布／說故事的人　070

第二章　重返內本鹿
Na Kulumah 我們要回家了　088
蓋自己的家屋　108
附錄：被消失的內本鹿　135

從壽匯流口起攀爬大久留山稜線，照片中是 Takistalan 家族青年胡志平 Anu／劉曼儀攝影

第三章
總統的承諾

142 蔡總統向原住民族道歉
162 走上凱道

第四章
我們不是來鬧的

174 凱道一百天
212 在二二八公園流浪
234 在帳篷的廟宇裡

256 後記／徐璐
266 訪談紀錄
278 感謝的話／徐璐
280 巴奈與那布感謝名單

2017年1月3日，內本鹿十五年，家屋照片／林祐竹攝影

推薦文

為族群主流化的平等理想一起努力

李雪莉（非營利媒體《報導者》營運長兼總主筆）

為《巴奈回家》寫序，是一個艱難的任務。

身為漢人的自己，真的能了解「回家」對巴奈與她的族人的意義嗎？

初識巴奈已是十多年前的事。當年，在台東卑南鄉杉原灣這片東台灣獨特的美麗沙灘上，被蓋起了「美麗灣渡假村」這個名不符實的水泥怪獸，不僅有環評爭議，而且也罔顧在地阿美族人的意志。二〇一二年七月最後一週，全台藝文界人士湧入此地，以文件展覽和音樂詩唱的方式，挑戰並抗議這場官商共演的爛戲。

那時我掌管媒體的影音部門，懷著素樸的正義感前來記錄並拍攝這場公民運動，與眾多公民團體和歌手的訪談十分順利，其中也包括了與巴奈的採訪。基於當時（也包括現在）的影像媒體「慣習」，記者必須讓受訪者簽下授權書，方便媒體得以把訪談內容編輯、重製、改作、發行、公開播送，並永久使用受訪者影像及錄音，這是為了日後重複播出或衍生的商業行為，不必重頭來過再次爭取授權的便宜行事。

當時沒有太多思索，我訪談後就直接拿出一份授權書請巴奈簽名。拿到寫著「影音拍攝與肖像授權同意書」的一張薄紙，巴奈頓時眉宇上鎖，酷暑烈陽下，氣氛迅速凍結。

她拿起授權書仔細閱讀後，直白地向我提出一連串重問：

「為什麼要我簽這個？」

「為什麼我要把自己（肖像權）賣給你們？」

「為什麼漢人總要我們簽東簽西？」

合約暗藏的細節立刻挑起身分政治和歷史不義的潛在記憶，薄薄的Ａ４紙瞬間變得好沉好重。那天，巴奈和我都哭了。我們沒有停止對話，真誠地把自己的心情交代出來。有趣的是，我們都覺得那制式合約確實擬得很糟，過程中，我們還握著同一條毛巾的兩端擦眼淚，哭著哭著又笑了。

不明究理的人，可能以為巴奈是很難相處的人，但不是的，她並非質疑我做為一位記者的用心，而是身為原住民的她太熟悉主流社會隱微的「不經意」與未被反思的預設規則。如果進入她的視角，就能理解她對我的提問，其實是對我們身後的體制的質疑：在你們習慣的資本的、市場的、量化的、單一的、主流的遊戲規則裡，有沒有一種容納分享的、自然的、公共的價值？為何僅憑一紙合約就試圖化約一切，甚至是獨斷的擁有？

巴奈始終沒有停止她的叩問。

二〇一七年，巴奈進到凱道，要求政府正視歷史正義，要完整劃設原住民族傳統領域。抗議運動的場域不斷被限縮，從凱道轉進二二八公園一隅，運動也從眾人關注的焦點緩緩移向邊陲，儘管如此，巴奈整整堅持了七年。她和那布在帳篷裡歷經寒暑，不斷向路過者向媒體向政府官員解釋，「回到傳統領域生活」及「走向自治」為什麼對原住民是件重要的事？為什麼他們相信「人們屬於土地，土地不屬於人們」？在同一片土地上，不同族群間能否共同尋找價值共融的體系？

十九世紀法國無政府主義者普魯東（Pierre-Joseph Proudhon）曾說過一句名言：「財產就是竊盜。」他提醒著世界的物資是大家共享，如今透過國家的制度或武力的方法，展開排他性的使用，本質就與竊盜無異。

這一百多年來，土地快速的資本化和私有化，讓弱勢族群和階級被連根拔起，人們離鄉流浪，文化也被裂解。

當然，劃設傳統領域這場運動的結果大家都知道了，在「擴大傳統領域與私有權間的平衡」、「資本開發與原住民諮商同意」間，政府選擇了效率行事，並沒有為平等再撐開新的可能。

但，巴奈的抵抗是一場徒勞嗎？

在《巴奈回家》一書裡，我們看到這絕非是一場徒勞的抵抗。

新聞前輩徐璐，徐姐，為了書寫此書，重出江湖。徐姐是新聞工作者的典範，她遊走新聞前線，過去十多年，她把自己「種」到台東，身體力行了不同於都市邏輯的價值體系。

在她深刻的採訪與觀察中，我們得以看見巴奈和那布在二六四四天的抗爭中充滿的竭力、掙扎、受苦、轉化。徐璐帶著讀者了解「柯美黛」這位「城市小姐」，是怎麼一路找回自己的名字（阿美族語裡的巴奈，Panai，是稻穗的意思），還有那位卡不進主流價值齒輪的那布，又是如何花了三十多年「成為」一位自己覺得真正夠格的布農男人。她讓我們看見一個又一個的個體，如何前仆後繼地被捲入不義制度的夾縫中，又如何在逆境中確實抵抗。

「做回一個原住民」、「做回一個客家人」、「做為一個台語人」都不容易，但台灣眾多族群之中最困難的是原住民族，因為他們被奪走的不只是語言，還有名字、土地、生活方式。

閱讀書稿時，我也意外讀到我政大新聞系同學蔡善神的身影。善神的布農名字叫達嗨，他個性開朗活潑，後來的碩士論文是追溯內本鹿布農族，如何自紅葉鹿野溪上游、雙鬼湖的傳統領域，遷移到延平鄉的歷史。大學畢業後同學們各奔東西，達嗨與那布踏上「重返內本鹿」漫長的探勘，那個祖輩被日本人驅離下山的老家；為了重返，他們每回上山來回要待上一個月之久，先後總共花了二十一年記錄部落曾在的山川、獵場、耕地的地圖。

達嗨在去年初病逝，但在他與族人的努力下，如今每一年寒暑假都有年輕族人重返內本鹿，回到那兒跟風說話，跟樹說話，在山林完整自己。

原住民朋友經常說「我了解你的明白」，但這句話背後隱藏深刻的滄桑與看破，因為「你（漢人）的明白是你的明白，卻不是我（原住民）的明白」。徐璐與巴奈共著此書，我想這真是最美好的組合，不需合約關係的綑綁，不以抽象理論認識，來自兩個不同價值體系的人最終以生命經驗感動彼此，徐姐也身體力行前往內本鹿，深刻領略傳統領域之於原住民的意義。

二六四四天是抵抗與救贖同步在進行。抵抗時不免受傷，但那之後所獲得的自知、勇氣、救贖，會豐富自己並感染他人。《巴奈回家》很珍貴地成為原住民族回家之路的火種。

希望這個運動所召喚過的人們，以及有機會閱讀此書的朋友，除了感知原民朋友的受苦經歷外，還能為族群主流化的平等理想一起努力。

推薦文

跟著巴奈回家

洪廣冀（台灣大學地理環境資源學系副教授）

《巴奈回家》由巴奈與徐璐共著，為兩千六百四十四日在凱道與二二八公園的抗爭紀實。在這七年的時光中，巴奈跟她的夥伴、愛人與戰友，出身台東延平鄉巴喜告部落的那布，還有紀錄片導演馬躍・比吼，由於原民會以一紙行政命令，限定原住民的傳統領域僅限於公有地與保留地，有「巴那馬」之稱的三人組，以靜坐、舉辦講座、策展、歌唱等方式，表達他們的反對。在巴奈的自序中，她寫道，她以十分之一的人生「用來跟這個社會溝通，讓人們有機會了解這個國家對原住民族權益的漠視」。巴奈又說：「你可能不同意，無法理解，我們生來就被時代奪去的文化，對我而言是多麼珍貴。」

就巴奈而言，原住民的文化是與土地分不開的，然而，如果說奪去原住民文化的是「時代」，導致原住民得「在自己的土地上流浪」（借用原住民詩人莫那能之語）的「元凶」倒是相對清楚：近代國家的林業體制。巴奈自陳，她是在認識那布後，才體會此點的。那布為布農人，屬於內本鹿（Laipunuk）的霍松安家族。內本鹿位於卑南主山與大小鬼湖之間，為鹿野溪流域，為布農人南遷的根據地之一，同時也是台灣史上最後被納入近代國家體制的區域。一九四一年，因為內本鹿族人Haisul的抗日事件，日本殖民政府決定清空內本鹿，令族人遷居至今日延平鄉海拔三百公尺上下的淺山區域。當時，那布的母親才十四歲。對於這段歷史，以及內本鹿的後續，巴奈引述那布之語：

原住民族世代居住的山林地，日治時期稱作林野地，由「山林管理所」管理。國民政府時代，這些林地變成國有地，交由林務局管理。當內本鹿的後裔再回到自己的祖居地時，已不是土地的主人，只是承包林務局工作的財團底下的一個伐木、種苗或揹苗的工人。

「每次提到這兩段歷史，那布臉上的憤怒都可以噴出了火。」巴奈說。

就我而言，閱讀《巴奈回家》是如同遭到電擊的經驗。我的學術啟蒙是林業，在台灣大學森林系取得學士與碩士學位後，曾報考高普考，希望有朝一日能到林務局（今日的林業及自然保育署）工作，為台灣的自然保育盡一份心力。然而，當我愛上爬山，且在山徑上與工寮中接觸至林班工作的原住民族人時，我開始質疑，昔日「雖千萬人吾往矣」的雄心壯志，究竟是為了誰。在碩士論文時期，我到新竹尖石的司馬庫斯部落做田野。當時的司馬庫斯族人已發現了傳統領域中的神木群，但還未發展出今日已名聞中外的共同經營模式。我始終記得，當我跟族人介紹自己，說我是台大森林系的學生時，他們說我是林務局；且在確認我真的不是林務局派來巡山時，跟我分享過去與這位「林先生」互動的經驗。時過境遷，族人還是很有情緒。一位老人家這樣跟我說，「那時候，他們真的很過分」。

後來的數十年間，當我看著我的部落朋友投入傳統領域調查、部落文化復振、打造以部落為主體的自然經營管理體制，我為自己設定一個目標：了解這套林業體制究竟是如何形成的，當中又經歷什麼變遷。更具體地說，我想回答的問題是，台灣的森林是在何時——又是以什麼手段——收歸國有？此國有林體制是如何維持？將森林收歸國有後，國家對於這片國有林有什麼規畫？此些規畫又是以誰的生計與文化為代價？

讓我們先看第一張圖。這張圖是清末台灣巡撫劉銘傳令人繪製的，顯示所謂「開山撫番」的成果。圖下還有一段話，註明光緒十二年（一八八六）以後，「歸化生番一千二百余社」，「前後山各番社男婦大小丁口合計一十四萬八千四百七十九人。」（編按：清代用「番」，日本時代開始用「蕃」。）

我們已經知道，所謂「生番歸順」不過是這位台灣巡撫不切實際的幻想；這張圖的最大意義在於，它呈現在十九世紀末期的台灣「番地」究竟有多「擁擠」（照該圖說法，共有八百零六社），絕對不是什麼無人的「荒

臺灣番地圖
約四十三万六千分一

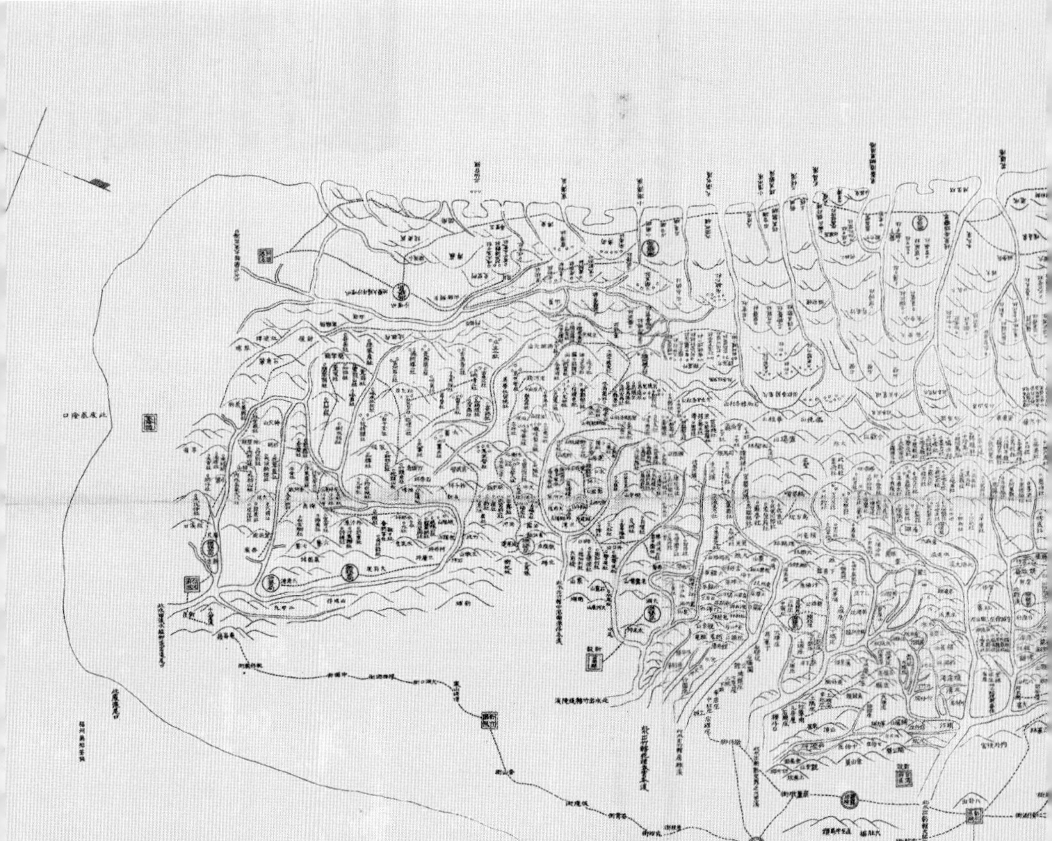

圖一：《臺灣蕃地圖》。本圖為台灣總督府令人復刻之版本，南天書局提供。

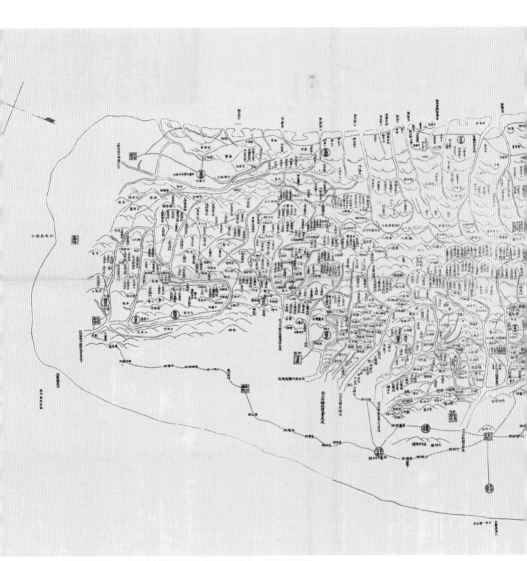

野」。該圖所列出的一系列「社」，就劉銘傳而言，是設有「通事」或「土目」，與清國有所交流者，多少可仰之為番地治理的基層單位。但實際上，我們應當把這些社理解為獨立、彼此不相從屬、更不用說接受清國統治的政治實體。它們自有領域，有著管理其領域的機制，界定敵我的社會與文化邏輯，往往結成跨區域的聯盟或網絡。台灣是座高山林立的島嶼，在這個島嶼上，特別是在中心與東部，還有更多由人群聚集而成的島。當然，就如今日的島嶼研究者指出的，沒有人是座孤島，能與外界真的斷了聯繫。這些「島中之島」豐富了台灣原本就已高度歧異的島嶼性格；可以這麼說，台灣從來都不是單數的，它是複數的存在。

第二張圖則是日治時期森林計畫事業的成果。這張圖是依據收藏在林業及自然保育署的檔案製成，呈現一九三〇年代總督府對所謂「蕃地」的規畫。一九二〇年代中葉，有感於台灣林業宛如多頭馬車，殖產局、內務局、專賣局、大學演習林各行其事，且台灣森林已在濫伐與植伐失衡的邊緣，總督府痛定思痛，令殖產局山林課啟動森林計畫事業，在顧及森林之水源涵養、國土保安等公益功能的前提下，確保林產物的永續生產。

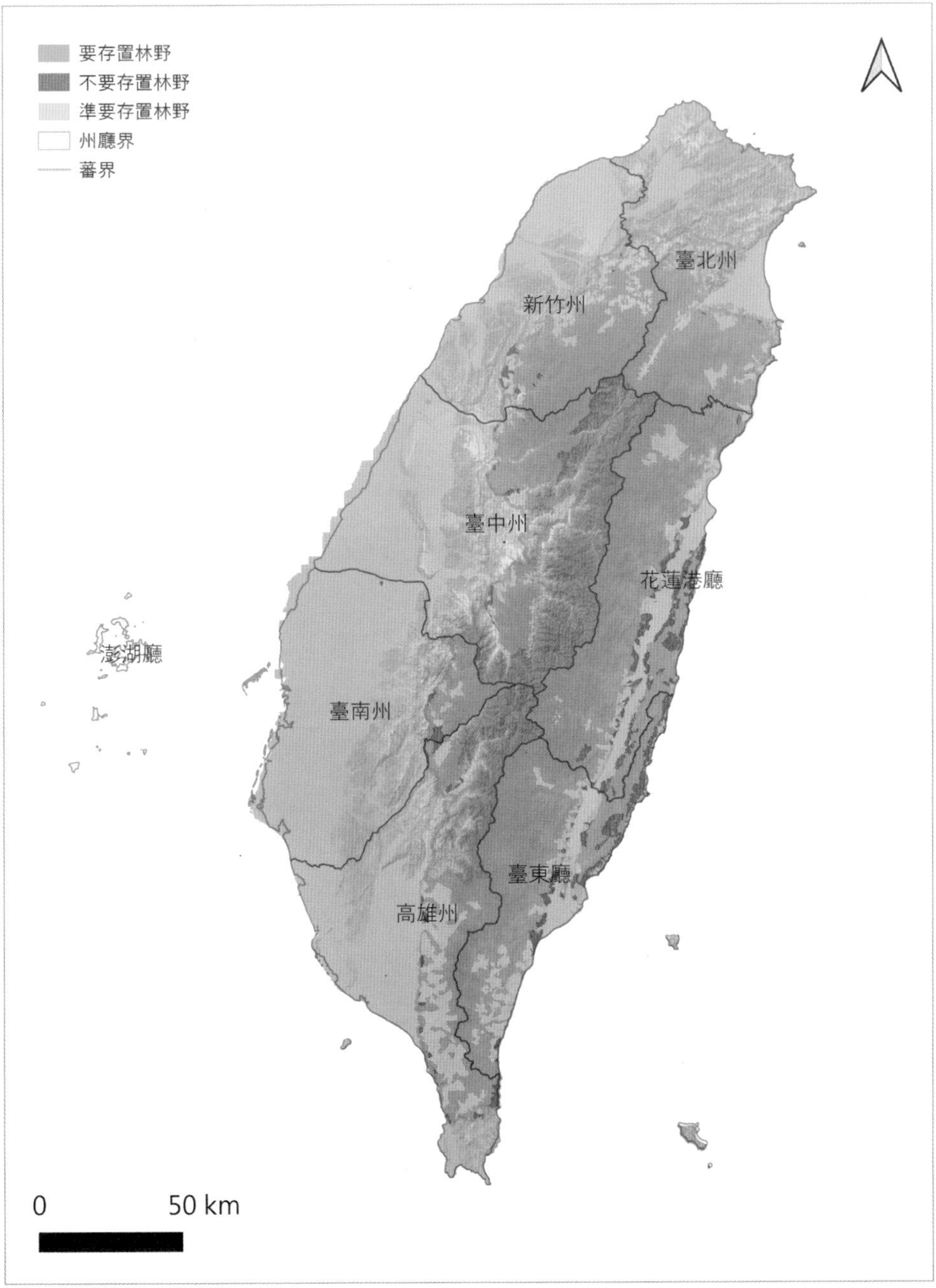

圖二：森林計畫事業區分調查結果。羅文君、呂鴻瑋繪製。

森林計畫事業的步驟如下：

1. 將蕃地中與國土保安、水源涵養、國利民生、林產供需息息相關的森林劃入要存置林野，再將之分成二十九個事業區，並為每個事業區編製至少十年的經營計畫。

2. 按照每名原住民三公頃的基準，劃設「準要存置林野」，將當時蕃地中生活的八萬名原住民，侷限在二十四萬公頃的土地上。

3. 將那些可被用來作熱帶栽培的林地，乃至於生活於東部平原與海岸山脈之原住民所需的土地，劃為不要存置林野。要存置林野與準要存置林野（「以要存置林野為準來劃設的林野」之意）均屬國家得緊密控制的國有地；與之對照，不要存置林野為可以放領給民間持有的土地。

從圖可見，在山林課的規畫中，除了少數例外，台灣原住民的生活空間應落在要存置林野的邊緣。這也不難理解，就山林課的觀點，林業經營得要有規模經濟（要存置林野的最小單位至少要有兩百公頃），若放任台灣的森林持續為原住民各部落所「割據」，勢必會對林業的永續生產造成阻礙。另一方面，山林課也憂心，原住民的燒墾慣習會摧毀台灣已岌岌可危的森林資源。當阿里山、太平山與八仙山林場的造林速度已趕不上砍伐，民間向政府租地造林卻造出片片香蕉園與茶園，山林課認為，原住民的生計勢必得予以改變，森林「保育」方能有成。我們將看到，如此「保育」的邏輯將一再出現。相較於政府與財團對森林資源帶來的破壞，原住民基於生計的森林利用可說微不足道。然而，當政府想要雷厲風行的推動保育，追求立竿見影的成效時，第一個開刀的，往往就是無法或無力抵抗——但生活卻與森林緊密相繫——的原住民族。

第三張圖係依據典藏在原住民族委員會的檔案作成，呈現森林計畫事業後的「高砂族保留地」的分布狀況。這張圖的意義在於，由林業部門規畫的準要存置林野，在移交給警察機關管理後，正式成為原住民保留地，而非附屬在林業體制中的一類林野類別。

即便此圖呈現的保留地分布，與第二圖顯示的準要存置林野，相差不大，但總督府治理台灣「蕃地」的邏輯，卻有了轉變。如葉高華教授在《強制移住：台灣高山原住民的分與離》中表明，且《巴奈回家》中（引述內本鹿族人Katu老師之語）也說得很清楚的，在霧社事件後，總督府的理蕃政

圖三：高砂族保留地。呂鴻瑋繪製。

策走向集團移住。落在圖二之空白地帶的原住民部落，當中有很大比例屬於布農族，均被強制移往淺山地區。與之同時，林業單位在空白處增設了十一個事業區，讓台灣事業區的數量來到四十個。面對這片被進一步清空的要存置林野，總督府一度規畫設置兩處國立公園：新高阿里山與次高太魯閣。一九四〇年代後，隨著太平洋戰爭需要日益龐大的木材與電力，總督府或者將大面積的國有林交給日本企業砍伐，以提供軍需用材，又或者作為水庫集水區，確保水庫能有充足的水源，以發展水力發電。隨著林政管理業務的擴大，總督府於一九四二年公告成立十處山林事務所：台北、新竹、台中、台南、嘉義、高雄、埔里、羅東、花蓮港與台東。

前述要存置、準要存置與不要存置林野的分野也構成戰後台灣省政府治理台灣山地的基礎。一九四五年十二月八日，行政長官公署農林處林務局成立，接收日治時期的要存置林野，指定為中華民國的國有林，並將日治時期的山林事務所改為山林管理所，仰其負責地方林業事務。然而，在後續的五年內，林務局（於一九四七年改組為林產管理局）卻無法駕馭這龐大的林業體系。濫墾與盜伐不絕於縷，荒廢林野面積不停擴大。一九五〇年代，當韓戰爆發，美國開始援助台灣。由於重點之一為水力發電等基礎設施，美援也挹注相當經費在「森林保育」上。對當時台灣的林業社群而言，美援是場及時雨。於是，在「永保美麗島」與「綠化台灣」的口號下，不獨林產管理局，各縣市政府也開始推動大面積造林。對生活空間已逐漸限縮在保留地的原住民族而言，這又帶來另一波衝擊。就在美援進駐之際，族人也開始被迫接受所謂山地三大運動：「山地人民生活改進運動辦法」、「台灣省獎勵山地實行定耕農業辦法」與「台灣省獎勵山地育苗及造林實施辦法」。簡單的說，這三大運動試著落實定耕農業、嘗試栽植商品作物，以及將空出來的保留地作為政府的造林地。在日治中末期，原住民多少還可以在相當寬廣的保留地上燒墾、種植小米或稻米等生計作物；現在，當越來越多的保留地為杉木所覆蓋，再加上生活日益需要現金，族人開始離開土地，尋求能工作換取現金的機會。

無獨有偶，一九六〇年代，在聯合國糧農組織的支援下，林務局啟動所謂林相變更計畫，希望能一舉改造台灣歧異多樣的天然林，以整齊劃一的經濟樹種取代。育苗、揹苗、整地、除草均需要大量的人力；此時台灣社會已逐步工業化，工人難尋，與土地逐步分離的原住民族，正好填補了這個人力缺口。人力的問題解決後，林務局的另一挑戰是尋找足夠的造林地。對此，除了積極將天然林處分給業者伐採以便造林外，林務局也開始鎖定那些「荒廢」的林野，以滿足每年設定的造林目標。在林相變更的政策下，不少原住民族的舊社被選為林務局的造林地。林相變更第一期的重點便是屏東縣獅子鄉排灣族的舊社（今日的雙流森林遊樂區範圍），最後一期便是落在內本鹿。如那布所言，當內本鹿的後裔再度回到祖居地時，身分是造林工或揹工；不僅如此，在當時林業體制中，內本鹿再也不是內本鹿，那是延平事業區第二十七林班。

一九九五年，當巴奈還在原舞者時，她與那布相遇於延平鄉的「布農部落休閒園區」，於十九年後（二〇一四）結為夫妻。二〇〇一年，約當是種植在內本鹿的杉木將近三十年時，內本鹿後裔醞釀「重返內本鹿」的行動。是年，那布與幾位部落年輕人，在耆老的帶領下，探勘內本鹿這個過去他們無緣親炙的老家。翌年（二〇〇二），「重返內本鹿」正式啟動，為內本鹿元年，今年則為第二十二年。內本鹿——這個全台灣最晚被納入近代國家體制的區域，儼然成為台灣原住民族返鄉、重申對傳統領域之自然主權的先驅。

在構思這篇推薦序時，我持續推進我為自己設定的研究計畫：了解台灣林業體制的來龍去脈。不過，經過十餘年的探索，我的視角已聚焦在曾在林業中討生活的人們。我與研究團隊來到延平鄉巴喜告部落，也就是那布的故鄉。感謝Katu與Dahu老師的牽線，我們得以訪問曾至內本鹿造林的族人。兩位老師剛推出一本《山上的布農學校》，當中詳述了內本鹿的歷史，以及山胡椒基地的成立始末。他們的下一步是以族人回內本鹿造林與育苗的經驗為基礎，從在地的觀點回望曾經劇幅改變台灣自然地景的林相變更政策。

我也曾至太平洋另一端的西雅圖。除了參與會議，至圖書館查閱檔案外，我也收購美國原住民史的相關書籍。我的最大收穫是購得Coll Thrush的*Native Seattle*一書新版（二〇一七）。Thrush為美國原住民史的研究者，於Muckleshoot部落的領域中長大，目前在英屬哥倫比亞大學任教。在*Native*

*Seattle*中，Thrush要表達的是，即便西雅圖可說是最為注重原住民文化的都市（除了無所不在的圖騰柱以及廣為流傳的「西雅圖酋長的宣言」），但這樣的「注重」卻在無形中隱蔽了一個顯而易見的事實：數百年前活躍於西雅圖一帶的Duwamish族人並沒有消失，也不是都被遷移至保留地中；就如同來自世界各地的移民一般，他們在西雅圖這個都市各處生猛地活著，且透過各種方式來維繫與重建他們與土地的連結。

在該書新序中，Thrush寫道，當他完成*Native Seattle*後，不少人問他，名聞遐邇且感人肺腑的「西雅圖酋長的宣言」，到底是真是假。Thrush表示，他的回答是「亦真亦假」；西雅圖酋長確實說了一些事，而這些事經過反覆轉譯與改寫後，成為今日流傳的版本。不過，就他而言，西雅圖酋長有句話：「死亡並不存在，只有眾多世界的遞嬗。」（There is no death, only a change of worlds），仍可為今日原住民研究與運動帶來啟發。他的意思是，即便原住民的社會與文化經歷了急遽的變遷，但並未「死去」；當代的原住民族生活在都市、鄉間與保留地，在農場、工廠、企業、學校與舞台等場所工作；他們努力生活，且生活本身就是對主流社會與文化的抵抗。援引原住民作家、學者與運動者傑洛．維茲諾（Gerald Vizenor）的見解，他稱這是survivance（「在困境中的」生存），是survival與resistance合併後的新字。

我認為《巴奈回家》也是一部關於survivance的作品。跟著巴奈的敘事，你從台南至台東，從台北至紐約，再落腳在凱道與二二八公園。除了內本鹿的山，你也拜訪了一九九〇年代台灣的地下音樂界，乃至於Covid-19肆虐下的二二八公園。你體會到，就巴奈與那布而言，回家是為了生活，生活是一系列的抵抗，抵抗同時也是生活。正因為是生活，在《巴奈回家》中，你不會讀到什麼發人深省、振聾發聵的大敘事，有的只是一段接著一段、彷彿平淡但又讓人揪心的文字。你讀到了一位生活在日治末期的布農族老人家，同時也是那布的外公，經歷了社會文化的變遷，已經不知道「報戰功」該報什麼了。然後老人家日夜思念的大兒子從南洋歸來，他每天聽著孩子報戰功，「足足聽了一個月，也喝了一整個月的酒。一個月後，無憾的離世」。你也讀到巴奈如何描寫她與那布的關係：

> 對曾經迷惘，困惑，在城市掙扎，找不到自己的我，那布是我的引路

人。曾經對自己的能力充滿恐懼與問號的那布，把我當成一棵他可以放心依靠的大樹。我們一起分享內心最脆弱的情緒，一起面對，一起承擔，一起找路回家。

就如許多歌手與粉絲的關係一般，我是巴奈的粉絲，我認識她，但她不認識我。二〇一七年三月，當巴奈、那布與馬躍在凱道上彩繪石頭時，我也在現場，默默的表達我的支持。我也曾探訪中央山脈脊梁上的見晴駐在所，那是內本鹿警備道的中心點；在過去幾個月間，我與研究團隊也反覆向Katu與Dahu老師請教，希望能了解「延平事業區第二十七林班」的造林始末。相較於巴奈、那布、Katu與Dahu老師所做的，我做的事很渺小；然而，若我的專業能幫助讀者更明白族人的明白，我認為這是我可以做的，也是身為粉絲的我應該做的。今年五二〇之後，巴奈與那布將結束這兩千多天的抗爭，下一步便是回到內本鹿生活。祝福兩位。我已經在期待《巴奈回家》的二部曲了。

推薦文

往前走，別回頭

馬世芳（作家，廣播人）

我做廣播訪過近千位來賓，巴奈是流了最多眼淚的一個。

那是二〇一七年五月，巴奈揹著吉他來錄節目。當時凱道靜坐已經兩個半月，她連續七十幾天「睡在沒有屋頂的地方」。前一天警察強力清場，族人和朋友貢獻的藝術作品、彩繪石頭、桌椅帳篷都被清掉了，她只好暫時睡在馬路上。我在節目播了她替蔡英文競選專輯錄製的〈我願是你的風景〉，她便哭了起來——後來她一面哭泣，一面在哭泣的空檔說話、唱歌，完成了那集節目。

而當她撥響琴弦，開口唱歌，我的錄音室也像迎接大浪撲擊那樣震顫起來。

那天她錄完節目，回到現場，又是一波驅離。網路轉播的畫面裡，巴奈被女警拉扯得不成樣子，令人不捨。但他們很快重新安頓下來，整理環境，不忘替朋友帶去的一叢叢怒放的百合修枝、換水。巴奈的先生那布，始終堅持原住民的抗爭要優雅。他說：「就算被無禮、粗暴的對待了，也不能讓自己看起來落魄狼狽。」

後來，巴奈在紫營抗爭的凱道和捷運台大醫院站出口架設器材，以「野戰錄音」方式製作了兩張迷你專輯《凱道上的稻穗》和《凱道巴奈流浪記》，錄音、演唱品質極好，實在難以想像是在那樣「克難」的環境裡完成的。巴奈總在深夜人車稀少時開錄，希望儘量減少環境雜音，高感度麥克風卻仍把三三兩兩的車聲收進了背景。閉眼靜聽，竟也像是一陣一陣的海潮。

後來，巴奈又在二〇一八、二〇二〇年回到我的節目，愈發容光煥發，氣場平和很多，甚至在錄音室裡拉著我的手，教我這個肢體笨拙的漢人跳探戈。她知道在做的是自己喜歡、願意、覺得重要的事。「沒有人是局外人」已經成為一代青年耳熟能詳的口號。她和那布的伴侶關係十分理想，女兒長大了，成為讓母親驕傲的樣子。她的歌樂幅員不斷延伸，愈來愈有「大地之母」的氣質。歌聲中的器量愈發宏大深邃，早已不是當年那個在無盡傷痛中泅泳、幾乎滅頂的歌者。她說：人生最苦、最糾結的階段都過去了。她可以把獲得的能量「轉發」給更多人，那裡面有很多很多的愛。

聽巴奈那些深深穿透你的歌，聽她訴說半生的流離、失根的傷痛，我才意識到這片土地上持續不斷的掠奪與侵害，遠遠還沒有結束。她為傳統領域劃設爭議持續靜坐抗爭兩千多天，老實說，我也有過不解：總該有更能體現「效率」與「效果」、更能遂行「整合」與「溝通」的「運動策略」吧，非得如此自苦嗎？

讀完這本書，我想我懂了：這不是所謂「運動」的「成功」或是「失敗」的問題，而是攸關「尊嚴」——那是凜然不容侵犯，不能讓步的底線。

巴奈在《凱道上的稻穗》重新唱了她剛開始嘗試寫歌時的作品〈更好的理由〉——一九九五年，二十六歲的她甚至還不是「巴奈．庫穗」，而是「柯美黛」。她寫下這樣的句子，向脆弱、惶惑的自己喊話：

停下自卑的感覺，往前走
揮別癱瘓的年代，別回頭
這一路的辛苦，要好好記清楚
停下無助的感覺，往前走
揮別自憐的年代，別回頭
這一路的孤獨，要好好記清楚……

這首巴奈年輕時寫下的歌，屢屢陪我度過中年人生總得面對的失落與遺憾，字字句句宛如神諭。巴奈提醒我們：儘管人生難免有這樣的時刻——無能為力，癱瘓自卑，無助自憐，但日子再苦、生活再難，都莫要忘記故鄉（不只地理的故鄉，更是心靈的故鄉），莫要忘記歌唱。要記得我是怎麼成為這個我的，受苦才有意義，日子才沒有白過。

你我即使未曾經歷巴奈的流離和苦楚，也能理解的：往前走，別回頭，鼓起勇氣面對明天，或許就能看見救贖的微光。

自序

一種信仰 一種渴望

巴奈

「流浪」指的是離開家，離開故鄉的意思嗎？

可不可能也很接近——離開生命的源頭，有形的或無形的。

這絕對是無法言語的心情，正當我使用「中國字」來表達我自己想法的同時，身體裡Pinuyumayan（卑南族）的血液，竟只能以幾乎隱形的形式存在。

這個時代給了我一個內心與外表無法結合的生命經驗，我擁有一張原住民的臉孔：皮膚黝黑，濃眉大眼，原本屬於山林、草原，原本純樸、謙卑，原本是大自然律動裡和平共處的一個物種，此時此刻說著華語，身在大都市擁擠不通風的水泥屋內，為了生存，為了討生活……

父母親沒有教會我族語（在他們的時代說山地話或有山地腔是卑微的）……

學校老師說我是中國人……

直到長大弄清楚，我的名字叫巴奈．庫穗（Panai Kusui），我是一個身在台灣的卑南族人。我不是中國人。雖然我現在說華語寫中國字，也擁有中華民國身分證，但我仍舊不是中國人……

我也和很多人一樣，正面臨著這個時代的許多難題，然而我註定得學習漢人的價值觀，才能學習如何與他們相處，甚至得學習外國人的語言才有機會與更多人溝通。

只是，早在我出生前便註定成為一個離開生命源頭的人，我註定失去孕育我的母體文化，那個文化幾乎已經完全被外來文化取代，我也註定要成為現代社會相互競爭以免被淘汰的一份子。

這一切，不管我接不接受，喜不喜歡，這個時代註定了我心中的某一部分要不停的流浪，不停的流浪。

如果，流浪只是過程，而所有付出的辛苦與無奈目的是要通往生命源頭的路，我會乞求總有一天，能有這樣一天。

在凱道和二二八公園七年。七年大概是我十分之一的人生——用來跟這個社會溝通，讓人們有機會了解這個國家對原住民族權益的漠視。你可能不同意，無法理解，我們生來就被時代奪去的文化，對我而言是多麼珍貴。

我想，感受過失去，感受過無法回復的人應該就會明白，覺得美好將要消失的一種急切、無助與不捨。

我渴望與母體文化相融的機會。在母體文化裡生活，是一種信仰，是一種渴望。

第一章

巴奈與那布

巴奈與那布演出／吳昭晨攝影

泥娃娃

一坐下來，蘇大哥就問我：「妳叫什麼名字？」

「柯美黛。」

「不是，不是。我是問妳的族名。」

我當場就傻了。

我當然知道自己是原住民，是「山地人」，是「蕃仔」，從小別人都是這樣叫我。但「族名」是什麼呢？

一九九三年，一位念北藝大舞蹈系的朋友拿了一本叫《原舞者》的書給我，吳錦發編的。

我看到一段文字：「很歡迎有興趣的人參與，只要是原住民，就可以加入。」朋友鼓勵我去，說他們很缺團員。

當時，我已經和「滾石唱片」簽了合約。但我常想我是一個喜歡唱歌的原住民，怎麼連一首祖先的歌都不會唱。滾石唱片的合約到期後，我就跑去和「原舞者」藝術總監懷劭．法努司（Faidaw Fagod）「面試」。我搭了公車去到新店寶橋路一棟五層樓的舊工廠。

一九九一年成立的「原舞者」是台灣最早的原住民族職業傳統樂舞團體。「原舞者」和「優劇場」共用的辦公室兼排練場在五樓。我推開鐵門，進門處左邊像是通道的地方擺了兩張椅子，就是「會客室」。旁邊有兩台腳踏車和一些雜物，空間相當簡陋。大家都叫懷劭「蘇大哥」，因為懷劭（Faidaw）不好發音。

一坐下來，蘇大哥就問我：「妳叫什麼名字？」

「柯美黛。」

「不是，不是。我是問妳的族名。」

我當場就傻了。

我當然知道自己是原住民，是「山地人」，是「蕃仔」，從小別人都是這樣叫我。但「族名」是什麼呢？我有好多問號。

「原來我沒有名字！」

「怎麼會有人沒有名字？」

「現在，還有多少人沒有名字？」

我回去問了阿美族的母親，她才臨時幫我取了「巴奈」。巴奈是稻穗的意思，原住民的菜市仔名。

我進了原舞者，全職，月薪一萬五千元。那年我二十六歲。

我的父親是卑南族，但我在台南出生。小時候，台語是我的母語。六歲時，我們全家回到台東縣初鹿部落的家。

那是個小村落，台九線經過，也有初鹿火車站，街上有幾家公路餐廳和雜貨店。

現在從我家出去，不到三分鐘，就是大馬路。路旁都是麵店、自助餐

1995年，巴奈進入原舞者／原舞者提供

店、檳榔攤、快炒店，現在那裡也開了三家超商。

初鹿國小唸到三年級，望女成鳳的媽媽把我轉到馬蘭國小，台東市的明星小學。

父親常請朋友來家裡吃飯。吃完飯，父親會叫我在桌旁唱歌給大家聽，我就唱〈泥娃娃〉。唱完，父親會給我五塊錢，我和同學可以買好多零食。所以即使沒有客人，我也會跑去跟他說：「我還要唱〈泥娃娃〉。」

轉校沒多久，父親改當大卡車老闆，公司有四輛大卡車，那是家裡比較不窮的日子。父親僱了好幾位司機和助手，油錢之外，卡車常常需要修理，父母親一直在周轉錢。但家裡有一把吉他，我哥哥的，我每天都偷偷自彈自唱。

有客人來吃飯的狀況維持不到三年。父親的車行倒閉，負責開支票的媽媽因《票據法》坐牢半年。小學六年級時，父親帶我和哥哥離開台東，搬到玉里。

我記憶裡最常停留的畫面是剛到玉里時，父親租來的那間鐵皮屋。破舊、窄小，我們三個人擠在一起，又熱又濕。後來，在學校讀到「家徒四壁」這四個字，我立刻想起我自己的家，什麼都沒有，有時還需要向鄰居借電。沒借到電時，我們只好點蠟燭，那種颱風來時常用的紅色蠟燭，為了怕油滴到地上，我讓它站在鱷魚蚊香的鋁罐裡。

洗澡要用熱水，用一個鍋子放在瓦斯上燒。有一次，我沒拿好鍋子，滾燙的熱水倒到我腳踝。我不知是從哪裡聽過的，就拿醬油去淋。家裡都沒人，沒有看醫生，我到現在還有一大塊褐色的疤痕。

小小年紀的我知道哭沒有用。我只能自己照顧自己。

窮到什麼都沒有，是我的童年。小學六年級快結束時，父親要我拿兩千元到初鹿，給隔壁的大伯母拜拜。我看見家裡大門被貼上黃色的封條。沒有大人提過這件事，我也裝作不知道。

父親成為被僱用的大卡車司機，工作的地點有時在石礦區，也做過北迴鐵路，南迴鐵路。哥哥國中畢業後，也跟著父親當助手。從初鹿到玉里，我換了四所小學。父親和哥哥早出晚歸，在家的時間不多，回家都已筋疲力竭。我必須負責買菜，料理晚餐。

沒人可以說話，也沒人聽我說話，我自顧自的彈著吉他唱歌，想像自己抱著一個洋娃娃。父親在週末或連假時，會載我一起去山上的工地。卡車很

巴奈隨著原舞者團員接受訓練／原舞者提供

破舊，連我腳踩的地方都有一個破洞，車子跑起來的時候，看得到疾速退後的馬路。

為了不想讓「窮」這個事情被人家看見，我會故意對周遭的事物顯出一種冷淡。同學在我旁邊吃冰棒，我就露出一種不屑的表情。其實，那是故意「跩」出來給別人看的。

在玉里讀完國中後，我回到台東初鹿部落的家。媽媽出獄後有十多年沒回到我們的身邊。唸台東女中的我有時住宿，有時通車。若回初鹿的家，晚餐就在隔壁大伯家和他們一起吃。

我高一時，哥哥在石礦區的產業道路上發生意外，走了。我感覺自己沉入大海，我沒有慌亂，只覺得自己進入一個很緩慢的世界，我的身體和呼吸都慢慢凝結，一切被凍成大冰塊，靜止不動。我動彈不得。

我一直不敢問，成長的過程也不敢去想，或去談這件事。長大以後，我才讓回憶慢慢在潰堤的淚水中浮上來。

發生事情後，大人什麼都沒說。我到現在仍無法理解，為什麼大人沒有好好照顧小孩？為什麼沒有讓哥哥好好的長大，就讓十九歲的他去做這麼危險的工作，獨自開著十六噸的卡車，載著二十五噸的大理石，死在懸崖邊上。

我知道哥哥這麼拚命是為了賺錢。為什麼我們會這麼窮？這是命運嗎？

我記得哥哥的遺體被清理過，換上了乾淨的衣服。我注意到他的指甲內都是土。我可以想像他在翻車的那一瞬間，應該很痛苦的抓著地上的土，掙扎著要活下去。

他出事後，我每年都會去放置他骨灰罈的廟裡，持續了十幾年。有一天，我夢見他告訴我，他要結婚了。醒來後，我告訴自己他應該已經過得很好，應該不要再對他有這麼多不捨了。最後一次去靈骨塔，我就對他說：「哥，我以後不會來了。你的事，我要放手了。」

哥哥過世那段時間，我特別想媽媽。我開始一個人在週末或連假坐國光號走南迴去高雄找她。國光號在屏東楓港會停十五分鐘，我就下車買烤小鳥和茶葉蛋。

有一次，黃昏時刻，我在楓港的海邊看見太陽落下的景色，大吃一驚。在東部，太陽一向是升起來的，我從沒看過太陽落下去。我從沒想過，原來山的那一邊是另外一個世界。原來真正的世界不是我原來所理解的。

因為長期的疏離，加上大人從來不和小孩談事情。媽媽對我一直只有「恁一定愛去讀冊」這句話。我也一直只給她一個答案：「阮愛唱歌啦。」

媽媽在高雄時，在一家玩具店工作，處理店家的訂單和出貨，有固定的收入。只要去找媽媽，她就會給我一點零用錢或買點東西給我。

當我告訴她，我不到學校了，要去餐廳唱歌時，她立即帶著我從高雄坐客運，再轉車到嘉義朴子，車子走了好久好久，再走很久的路，走到田中一間小廟。她要幫我「收驚」，然後重重說了一句：「係按怎恁袂讀冊。」

在台東女中，我並不是很會考試的好學生，成績總列在最後幾名。不過，在學校，老師們相當重視我，讓我做風紀股長，也是學校軍歌代表隊的指揮。

我每天都要帶著她們練軍歌，大家一起唱：「夜色茫茫／星月無光／只有砲聲／四野迴盪／只有火花到處飛揚……／英勇的弟兄們／挺進在漆黑的原野上……」或者「槍／在我們的肩膀／血／在我們的胸膛／我們來捍衛國家／我們齊赴沙場……」一共十幾首吧。

原舞者經常應邀至國外表演，左一為巴奈／原舞者提供

到了高二升高三時，「少女柯美黛」被初戀與失戀糾纏，身心無法安寧。學校成了牢籠。我聽了一首歌，叫〈飛〉，三毛寫的詞，李宗盛的曲。裡頭有一段：「我不怕／等待你始終不說的答案／但是／行裝理了／箱子扣了／要走了／要走了／要走了……」我也決定「要走了」，去唱歌。

高二時台東的民歌餐廳辦唱歌比賽，學姐找我一起：「我們去試試看吧！」

我沒參加過唱歌比賽，只是想和學姐作個伴。結果我們得了第二名。老闆問我們：「妳們還是學生，可以固定來表演嗎？」

我心裡一直一直點頭，差點喊出：「我願意，我願意……」

第一次表演後，老闆給了我一百二十五元的酬勞。那是「少女柯美黛」的「新大陸」。本來只是為內心帶來一些快樂的唱歌，竟然還可以帶來收入！學校從此離我遠去，或者是我從此拋棄像牢籠的學校。

十八歲的我有了一雙翅膀。

一九八九年，二十歲的我和滾石唱片公司簽了三年加三年共六年的合約。一九九五年合約到期。

九〇年代的台灣，流行樂壇是鳳飛飛、林憶蓮、陳淑樺、周華健、蘇慧倫、伍佰、林強、張信哲、江蕙、葉璦菱、張惠妹、曾淑勤這些歌星的天下。那個年代，流行音樂唱片動輒數十萬，百萬張銷售量，大街小巷人人都能開口唱歌。

但是滾石唱片沒為我找到任何舞台——我一心相信唱片公司是專業的，會有專業的人為我打造一個舞台。公司一直在改組，我只能在原地等著，等著，等到前方無燈，背後無路，像是一個斷崖。

這時，一段完全意外的談話如雷聲一般，轟醒了處於人生極低潮的我。人稱Landy的張培仁，一九九二年從滾石唱片國語部企畫經理成為「魔岩唱片」總經理。我仍與滾石有合約在身，他基於關心，約我喝咖啡。咖啡還沒上，他就問我：「妳對原住民現在的處境有什麼感覺？」

他說的每個字我都懂，但是我不懂他在問什麼，因為我從來沒有機會聽到這種問題。明明在說我，可是這麼陌生。Landy可能沒預料到他這句話對我產生的巨大影響。

身為原住民，我卻從來沒想過要怎麼去「感覺」自己是原住民這件事。

我在家裡沒吃過小米，也不會講族語。生命中，從來沒有一個人教導我，應該要怎麼看待自己。

在那個原住民被歧視的年代，從小，在家裡，在學校，如果我想問一些問題，父母、老師、長輩都叫我「不要想那麼多！」所以我所有的感覺，特別對作為原住民族的好奇，對自己的好奇都需要藏起來。

藏得太久，我幾乎忘了所謂「感覺」這件事。Landy這句話，讓我震驚的發現：「原來，我是可以有看法，而且要對原住民有感覺。」

張培仁是我第一個啟蒙人。

「原住民的感覺」在我心頭掛著，不肯走。我開始思考「我是誰」、「我

原舞者時期的巴奈（左二）／原舞者提供

喜歡」、「我討厭」、「我想做什麼？」

這時，一個巧妙的機緣來了。在滾石唱片的安排下，我參加了「民歌之母」陶曉清主辦的一個五天的心靈開發工作坊。除了陶姐的引導，在工作坊，我遇見了創作的導師——卓明。

卓明老師很關心我。他問我：「妳開心嗎？」「開心」這件事從來好像都與我無關。我的內心，一向是一片荒原。愛情如春雨來拜訪過，但雨季太匆匆，乾旱來得更快更急。我不敢開心，我覺得自己不夠好，什麼都沒有，這樣是不能開心的。

卓明老師告訴我，很多內在的不開心，都和溯源及與母體文化的斷裂有關。他對我說：「每個人都有溯源的需求。」

這種思維，對不停在面對「破碎」的我，才開始有機會思考「什麼是開心」。我花時間觀察做什麼或不做什麼會讓我開心。最後發現只有唱歌是開心的事。

卓明老師在美國學的是戲劇，他經常引領著學員們以肢體、戲劇、表演等形式面對自己內心的困境。

Landy拋出一個我該如何重新看待自己的問題。卓明老師協助我找到方法，他教會我如何問對的問題。「題目」對了，答案就會自己出現。無數的努力嘗試，我的心開了一扇小門。

但是，生活仍然是那麼苦楚，愛情仍然是那麼迷離，我的帳戶仍然經常是兩位數。日子苦到我不斷問自己：「活著到底是要做什麼？」「我真的可以當歌手，做音樂嗎？」

在原舞者期間，我幾乎每個週末或休假時，就往台北跑，一到台北就打電話給音樂製作人鄭捷任。鄭捷任是「原音社」樂團唯一的漢人，其他團員都是原住民。他在角頭音樂工作，也為原音社製作了一張《Am到天亮》的專輯，在市場受到肯定和口碑。捷任平常話不多，但他很可以透過音樂來懂「人」。他編的東西讓人很有想像，很有畫面。

我的創作既非原住民族傳統歌謠，也不是輕快上口的流行音樂。鄭捷任是極少數了解我音樂創作的人。我急需跟他談我的創作和我的困境。

「鄭捷任，你在哪裡？」

「喔，我在『地下社會』。」

「我去找你。」

有時，我在另一間「柏夏瓦咖啡廳」。捷任就來柏夏瓦。

地下社會和柏夏瓦都是當時在意原創的小劇場工作者和獨立音樂人經常聚集的地方。一堆人常在那裡喝酒聊天，我幾乎每個週六都會過去，一去就拉著鄭捷任，一直「盧」他，一直問他：「人活著到底要做什麼？」

當時我偶爾也會接「女巫店」的演出。鄭捷任在那裡聽到我寫的歌，他是第一個告訴我「妳寫的歌很重要」的人。

原舞者雖有收入，也讓我逐步學習了祖先的樂舞，但我還是未脫離窮的困境。一直在斷崖上進退不得的我開始想：「也許我應該生個孩子來解決我那個存在得很痛苦的感覺。」

三十歲時，我決定要生一個孩子。我認為生孩子是一個充滿變化的過程，因為孩子會一直長大，會一直有新的題目，可以讓我逃避自己無法掙脫的停滯。

孩子要出生的那個時刻，就像是火山爆發，我一直大叫。但那個醫生好像在夏威夷渡假，只會不斷悠哉悠哉的走進來問：「喔，痛了嗎？」「痛了嗎？」我真想踹他。

孩子要出來時，已經不是痛的問題。是一股巨大的能量在我的身體裡攪動。終於，我聽見嬰兒的哭聲，腦中只閃過一個念頭：「這是天籟。」

女兒無時無刻不在追求快樂。不爽就哭、就喊、就叫，需求得到滿足，很快就開心了，一直笑、一直笑。我看著她，心想：「哇賽，這孩子每天都可以爽成這樣。憑什麼妳可以這麼快樂啊？」

然後，我會問自己：「為什麼我就不能像孩子？快樂真有那麼難嗎？」

女兒的出生，讓我可以把「愛」給出去了。我第一次覺得有個「錨」拉住了我，再多的不開心都不會讓我迷失了。所有事情的順位，變得非常清晰。

我告訴媽媽我要生小孩時，她已回到台東，在市區三商人壽二樓的辦公室當清潔工。我去找她，她第一句話是：「恁來衝啥毀？」

知道我懷孕後，她對我說：「按呢嘛厚，有囡仔甲恁作伴。」

我很意外。從小到大，她從來沒跟我說過這種帶著鼓勵的話。

流浪記

剛到紐約時，我對周遭很多黑人的環境會感到害怕，
因為他們跟自己不一樣，我不自覺的想躲開。
但我也很快驚覺到「這就是歧視」。
我反省：「我們從小被歧視，
為什麼現在反而會歧視他人呢？」
這層迷障掀開後，我在紐約看到、
學到的是「多元文化共存」的美好。

九〇年代的台北出現很多晚上可以演出的小餐廳，如公館的「女巫店」，台電大樓附近的「河岸留言」。我常在這兩個地方演出，一開始觀眾並不多，唱了幾次後，店門口開始大排長龍。

女巫店是我最常表演的地方。小小的空間，人和人之間即使擠得像沙丁魚，聽眾的熱情卻絲毫不減。我在台上會邊說邊唱，我發現大家屏息在聽，現場的情緒幾乎也隨著我的歌聲起伏流動。我常邊彈吉他邊說心情。

有件事，我一直不甘心，常常跟聽眾講：「我第一次到台北，從台北車站到漢中街麥當勞，被計程車司機直接騙了我四百元。」台下會跟著這個故事發出「嗚」、「啊」、「加油」的聲音。歌聲充滿感情時，觀眾也會和我一起浸淫在那種感傷，並不時高喊：「巴奈，不要哭！」我非常感動。

那是我從小到大，身體第一次打開，如行雲，如流水。我的身體，跟我的吉他，跟我的聲音——我整個人都可以隨興極致的揮灑。那個感覺，很爽！

有些朋友都形容我「很有氣勢」、「自信強大」。比較嚴肅的討論時，如果現場亂哄哄的，我就會受不了，大喊一句「安靜！」「開會！」大家就會「惦惦的安靜下來」，默不作聲的聚集在我身旁。其實，我自己也常被那聲大喊嚇一跳。

氣勢很強的外表應該是我從國中開始用「跩」來掩飾自己的結果。我高大的身形是一種力量。我的「氣勢」是從困頓的生命經驗累積起來的，藏不住，自然的跑出來。

我對表演的自信和氣勢也來自原舞者在歐美巡演的歷練。原舞者是第一個經常代表台灣到歐美演出的原住民團體。國外的藝術節會邀請許多世界各國的團體同台演出，原舞者始終特別吸引人。謝幕時，觀眾用很長很長的時間拍手，掌聲大到我在台上都嚇住了。

我真正感受到我們祖先留下來的樂舞是這麼美好。這是一件偉大的事情。那個掌聲證明，不只是我自己覺得美好，很多很多不認識我們的觀眾也是這麼想的。

我也曾經在滾石唱片安排下，去紐約待了三個月。那是我第一次出國。剛到紐約時，我對周遭很多黑人的環境會感到害怕，因為他們跟自己不一樣，我不自覺的想躲開。但我很快驚覺到「這就是歧視」。我反省：「我們

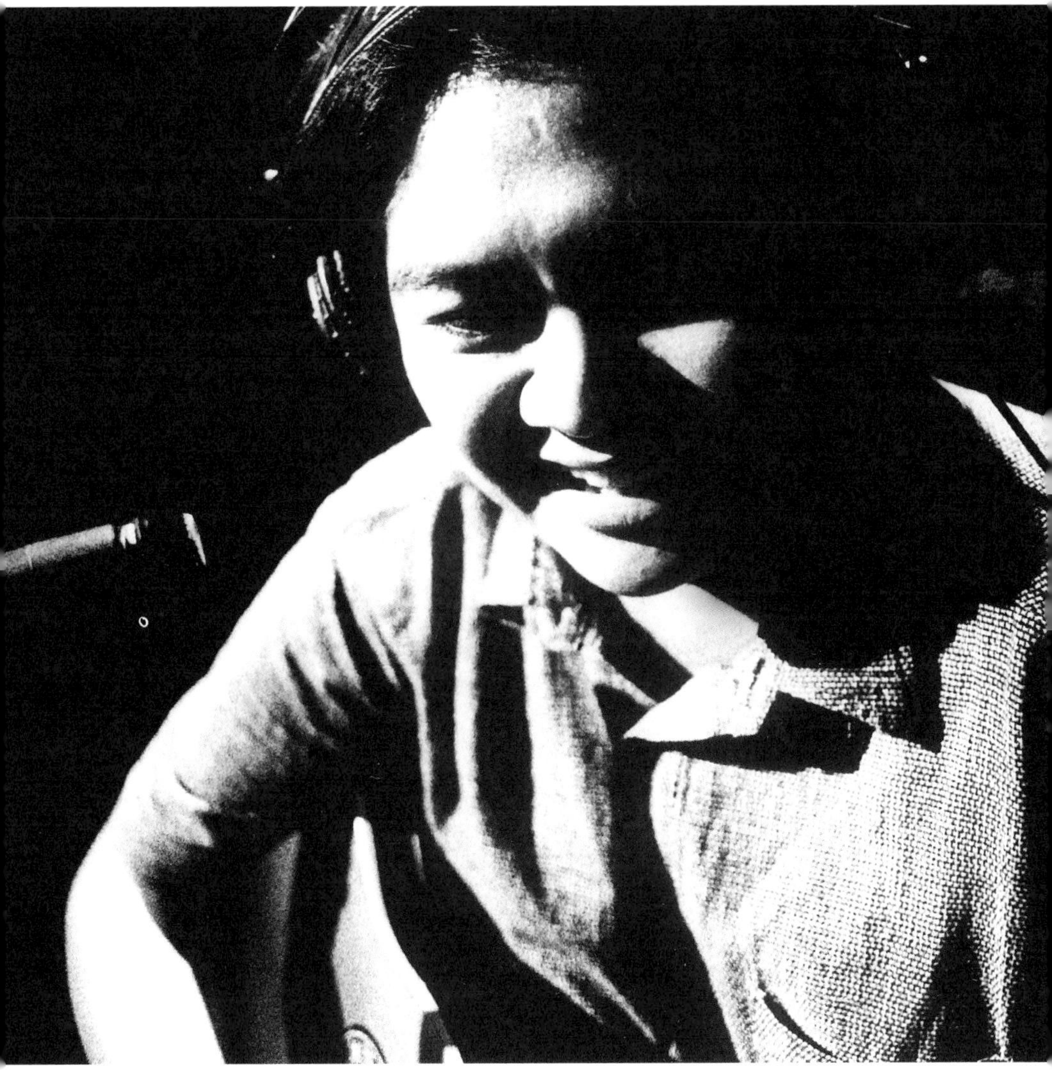

2000年，在角頭音樂錄音室錄製《泥娃娃》專輯，開始巴奈的音樂旅程／角頭音樂提供

從小被歧視，為什麼現在反而會歧視他人呢？」這層迷障掀開後，我在紐約看到、學到的是「多元文化共存」的美好。

我在原舞者進出多次，一共待了四年多。歐美的經驗打開了我的眼界。我更加專注的想自己要成為什麼樣的人，要給孩子什麼影響。

就在這個階段，我的第一張專輯《泥娃娃》帶來了人生的大突破。

有一次去看原音社《Am到天亮》的演出，遇到角頭音樂的老闆張四十三。他對我說，他聽了我的幾首歌，感覺很喜歡，很想和我合作出專輯，若我有興趣可以和捷任講。

當時我一個高中學姐剛剛腦瘤過世，我覺得悲傷都來不及，出專輯有什麼意義，這位學姐已聽不到了。後來我確定自己懷孕，我就打電話給張四十三，跟他說我需要賺錢，所以願意跟他合作一張專輯。

鄭捷任就是這張專輯的製作人，他問我：「專輯來唱〈泥娃娃〉好不好？」

有一次，他來柏夏瓦看我表演。那天晚上，一個觀眾說當天是他生日，問我能不能為他唱生日快樂歌。我就說：「可以哦，但我要唱自己喜歡的歌。」然後我就唱了〈泥娃娃〉。我想捷任一定印象深刻，才會想把「泥娃娃」當作我第一張專輯的名稱。

我完全信任鄭捷任，他也放手讓我創作出「巴奈的音樂風格」，誠實，不做作，流暢的隨著節奏和樂器的線條，讓孤獨、憤怒、渴望、無助的感情奔放自如。聽眾們往往也被歌詞領入各自生命的困境，無法迴避。朋友常說即便是現在聽來仍十分震動。

那是二〇〇〇年。專輯銷售得很好，也受到很多音樂人的肯定，特別是〈流浪記〉這首歌。這是我自己作詞作曲的創作。那個坐在卡車上，內心封閉的小女孩像找到了一把鑰匙，把自己打開，全心投入唱自己的歌。唱歌的時候，我清楚感受到自己的完整。我，不再壓抑，唱出了我自己的故事：

我的爸爸媽媽叫我去流浪
我一面走一面掉眼淚
流浪到那裡　流浪到台北
找不到我的心上人

2001年，巴奈在河岸留言的演出／河岸留言提供

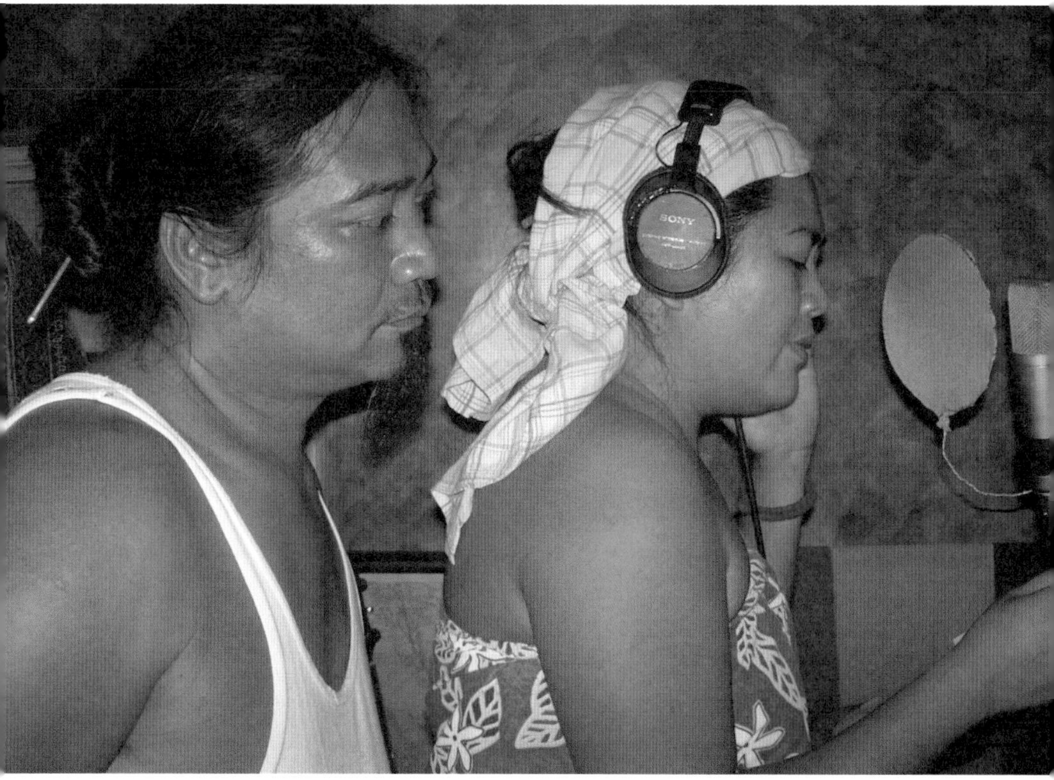

2007年，東海岸音樂創作營／阿桑劇團提供

我的心裡很難過
找不到我的愛人

我就這樣告別山下的家
我實在不想輕易讓眼淚流下
我以為我並不差　不會害怕
我就這樣自己照顧自己長大
我不想因為現實把頭低下
我以為我並不差　能學會虛假

怎樣才能看穿面具裡的謊話
別讓我的真心散得像沙
如果有一天我變得更複雜
還能不能唱出歌聲裡的那幅畫
……

我引用了許多原住民朋友都會掛在嘴上哼唱的「林班歌」的旋律，作為〈流浪記〉開頭的曲調。

雖然在原舞者期間，我們會去不同的部落，採集儀式性的樂舞，傳統歌謠和舞蹈，但所謂的部落和土地，山林的連結，在我的經歷中完全是蒼白的。

總說部落的根是在山林之中，但，即使到了部落，我看到的多數是水泥房、鐵皮屋。我有很深的困惑。

這個困惑一直要到我和那布在一起，隨著他進入布農族的傳統領域「內本鹿」之後，親眼看到布農家族百年前居住的土地，才體會到「山上的原住民族文化」誕生的空間是真正緊密連著土地的家園。

那布／說故事的人

那布說，他的父親有時會講，
在他出生前做了一個夢，夢見一個全新的鍋子。
但這鍋子有裂縫，根本不能用來煮東西。
家人都把這個夢當成一個笑話揶揄他，說他「沒有用處」。
我安慰他：「不能用，也許因為你是件藝術品。」

那布的全名是依斯坦達．霍松安．那布（Istanda Husungan Nabu）。

一九九五年，我在原舞者時期，第一次見到他。之前就聽說布農部落有個「帥哥」，有不少女生喜歡他。這個從「布農部落休閒園區」咖啡屋走出來的男人，高大魁梧，穿著洋派，頭上一頂牛仔帽，抽著555洋菸，腳上一雙皮短靴。我當然也多看了他幾眼，覺得真的來了一個「白馬王子」。

認識之後，我們沒有再聯絡，直到那布請我到「布農部落」教孩子樂舞，我們才變得比較熟。交往後，那布承認那是他精心策畫的「陷阱」。然後，他在休閒園區為我辦演唱會，還特別去市區的民歌餐廳「蝙蝠洞」借了一只Bass音箱。他很得意，以為這樣就很專業了。

但是，「我需要的不是一個Bass音箱，歌聲會出不來。我只需要普通的音箱。」他怔了一下，連忙道歉。雖然設備不足，我知道他已盡心盡力，就用音箱、吉他和麥克風完成那場我後來經常取笑他的「正式演出」。

在布農部落咖啡屋第一次見面及演唱會後，可能是我們都正在「作為原住民」的路上徘徊探索，因此對彼此都有好奇和好感。

我們曖昧了十年，只有偷偷摸摸的手牽手，始終沒有在一起，因為我們都各自有交往的對象，也都還在各自摸索「愛情」中各種理不清的亂麻。

那幾年我在宜蘭的民歌餐廳唱歌。那布去花蓮參加一個教育營隊，想來找我，以為到宜蘭就可見到我，但又聽說我是在羅東一個民歌餐廳唱。他完全不知道羅東在哪裡，離宜蘭有多遠，好不容易到了羅東，民歌餐廳在哪裡，完全沒概念。在比較熱鬧的街上走來走去，後來看到一家餐廳，前面有小電視播著唱歌的畫面，他走進去，我們的愛情故事才有了開始。

我們大事小事無所不談，一起走上尋根的旅程。我們成為「心靈伴侶」，成為「愛人」。二〇一四年底，以「殺豬」的傳統儀式，祭告祖先，報告眾親友，結為夫妻。

那布出生在台東延平鄉巴喜告（Pasikau）部落。巴喜告在行政區域的劃分上稱作「桃源村」。那布的母親是十四歲時從內本鹿被迫遷移到巴喜告的，父親是土坂部落的排灣族人。在兩位卑南族長輩的牽線下，兩個人見了面，彼此都很中意。

那布的媽媽在延平鄉當助產士，等同公務員，有固定的收入。兩個人商量後，都覺得婚後不應離開桃源村。不過，那意味父親要搬進母親家。在那個年代，入贅的布農族男性會被族人看不起，那布的媽媽不希望他父親入贅。當時的習俗，只要殺一頭豬就可算完成結婚儀式。為了讓丈夫有體面，兩人合力存了一筆錢，那布父親拿出聘金娶了母親。

他們家的第一棟房子是那布父親親自監工和手作的一棟大瓦房。族人賣了一公頃的地給他家。父親在改良所工作過，農業能力很強，很快就把這塊地開墾成農田。

那布說，小時候，他們的家在部落中算是富裕的。家裡開雜貨店，媽媽是公務員，家中有糧票，當時部落的人都吃小米、地瓜，他是「吃大米長大的」。他的童年時光，幾乎都和表哥在一起放牛，抓蛇，打鳥，過著無憂無慮的鄉間生活。

國小二年級時，他的父母把他轉到以非原住民師生為主的「鹿野國小」。但他對自己是原住民的身分從未有過困惑。登記族名時，因為他父親是排灣族人，兄姐都以「白」為姓氏。「布農部落休閒園區」的創辦人白光勝（Biung）牧師是他的大哥。但那布的自我認同是母系的布農人。取得父親同意後，一九九九年，他以布農名作為他的名字。

那布是家中老么，備受家人疼愛。在學校，他的功課總在前十名。年輕時，他像一匹脫韁的野馬，不斷闖禍。在台東高中時，有一次深夜喝醉了，為了幫同學送情書給車掌小姐，看到鼎東客運的冷氣公車上有鑰匙，就開了大客車，打算回家，結果在拘留所待了一個月。然後「保護管束」三年。一連串的脫序行為，使他不斷入學、退學、轉學，加上三年兵役，比別人多花了很多年才從大學畢業。家人傷透腦筋。

他喝酒，不斷承諾會戒酒。二十六歲的一個晚上，他又喝酒，犯錯。他去向大哥白光勝牧師道歉，請大哥再給他一次機會。白牧師對他說，這不是他給不給機會，這是那布自己和神的約定。他只好跪下來禱告。

「眼睛一閉下來，我就開始一直流眼淚一直流眼淚，大大的流，想起以前做過那麼多，因為喝酒醉闖的禍，讓家人傷心的事情，就一直流一直流，後來流到眼睛很痛很痛。等我打開眼睛，我說我不再喝酒。從那時候，有十四年的時間，我沒有再喝。」

我和那布交往後，光講彼此的成長史，就有說不完的話，彼此慢慢進入

那布，說故事的人 2006 ／ Steven Andrew Martin 提供

對方的心靈。雖然他的家境不像我家有貧窮的問題，他成長過程是另一種被捆綁的困境。青少年時的酗酒，脫序，或許是跟交到不對的朋友有關，他自己覺得主要還是因為他上了「漢人學校」，在「陌生人」的團體裡長大，一直不爽，不自在，只好叛逆。

二十九歲時，那布加入他大哥白光勝牧師成立的「布農文教基金會」。布農部落休閒園區成立後，他也在園區先後擔任「農業部長」和「文化部長」。

這位「文化部長」的布農語，只會聽，不會說。在家裡他和兄姐說中文，和爸爸媽媽說日文，在學校和同學說台語。布農的歷史和文化，他年少時，只曉得一些祭典儀式。

布農族的孩子出生後要辦「嬰兒祭」。透過祭典儀式，孩子被部落接納了，從此就是家族的一份子。「射耳祭」則是布農族一年一度最盛大的祭典，每個男孩子必須通過考驗，證明有狩獵、作戰的能力，才會被認可是成年了。

那布說，年輕時他頭髮總是留得很長，沿襲布農傳統，穿耳洞，穿裙子，裙子上有布農族的百步蛇圖騰。但他只穿了幾年：「我發現自己穿裙子不好看，腿又不漂亮。風一吹，還會被人看到內褲。很不優雅。」

在學校，那布是棒球隊員。當兵時也是海軍陸戰隊特種勤務部隊的一員。「慓悍」、「自信」是他的形象。我比較了解他後，才知道他從少年時起，對自己是否具有「布農男人的能力」，一直充滿困惑與不安。

那布是在牛背上長大的孩子。他說，在成長過程裡，瑞秋・卡森《寂靜的春天》及陳冠學的《田園之秋》是影響他最深的兩本書。他最想做的是跟父親一樣回去種田，做一些和環境議題有關的事，但又怕被父親認為太沒出息，所以提都不敢提。

他說，父親有時會講，在他出生前做了一個夢，夢見一個全新的鍋子。但這鍋子有裂縫，根本不能用來煮東西。家人都把這個夢當成一個笑話揶揄他，說他「沒有用處」。

那布不覺得父親這個「夢」對他有太大的影響，但是看到表哥們幾乎什麼都能做，在山林裡也展現如虎如豹的狩獵能力，除了驚嘆，「還是會挫折的掉到黑暗的深淵啊。」

他常形容自己「很懦弱、很膽小」，內心有很多懼怕。

從農業部長轉任文化部長，他常碰壁。有一次，因為沒有妥善儲放卑南族「國寶級木雕家」哈古（Haku）的作品，一群原住民藝術家圍著他說了許多重話。他驚覺自己的不足，當面向藝術家們道歉，也拉著拉黑子．達立夫（Rahic Talif），「我不懂，你要教我嘛。」

成立「阿桑劇團」是他接觸布農文化和歷史的起步。劇團得到Nu Skin的贊助，要在園區演出一齣《把山林還給了解他的人》，劇中有阿美族拉藤時的歌，需要有黃藤當道具，那布自告奮勇上山砍藤條。停好摩托車，開始往山上走，走不到二十公尺，就害怕起來。「因為那個草長得很猙獰，那麼密，不知會竄出什麼。也不知腳會踩到什麼。」他不敢再走，匆匆忙忙砍了兩條七、八公尺的藤條，就逃下山。

那次的恐慌給他很深的打擊：「我離開機車，入山才二十公尺，連藤條都不敢拉，沒力氣拉。我是『了解山林的人』嗎？是真正的布農男人嗎？也許我真的是我父親夢見的那個不能用的鍋子？」

我安慰他：「不能用，也許因為你是件藝術品。」

從那布的挫折和自我要求的壓力，所謂「部落傳統」，特別是「布農男

那布與母親／Steven Andrew Martin 攝影

人」的存在價值，對我而言，都不再是「傳說」了。一旦把「布農男人」的價值觀種在自己的心底，扛在肩上。那個「重」是一般人難以想像的。

我越知道他的故事，越了解他的焦慮。

譬如，「報戰功」（malastapang）。那是布農族男性至高榮譽的印記。要能報戰功，必須要真的有「功」可報。日治之前，「出草」（makavas）是布農族男性最大的戰功。出草被禁後，上戰場打仗成為另一種戰功。

日治時代，那布的外公希望家裡要有可以提槍打獵的男人，就把那布的大舅舅藏在山上，不去上內本鹿蕃童教育所。太平洋戰爭爆發後，日本政府徵召原住民入伍，山上的族人都很願意參加這場戰事，因為當兵才能拿槍，才有展現本事的機會，回來後可以「報戰功」，可以被族人肯定。

他的外公這才讓他大兒子加入軍隊。大舅舅的故事，那布聽媽媽說過很多次。他去了三年，戰場上原住民成為可以照顧日本軍官的人。軍官在荒郊野外或山林裡大多沒有行動能力，缺糧食的時候，這些身手矯健的原住民士兵就去狩獵，採集食物。

戰爭結束後，大舅舅回家的過程漫長而艱苦。因為沒有車子可以搭，他下船後，從基隆還是高雄走路回來。人還沒到，派出所的通知先到，外公天天跑到部落路口的雜貨店等他。

那布的媽媽說，對於自己兒子能夠上戰場，那布外公的興奮和驕傲全寫在臉上。大舅舅也以最豪邁的聲音報戰功。二戰末期，被徵召的原住民，有些去了中國，有些去南洋。大舅舅出發前，家人族人都不清楚到底要去打誰。從報戰功的內容，外公及家人才了解到是去打美國人。

那布的大舅舅透過報戰功說：

「有過兩次。」

「經過大海。」

「到達帛琉。」（受訓）

「然後再來一次。」（搭船去新幾內亞）

「我用短槍。」

「一直打中。」（很準的意思）

那布外公在大兒子回家後，每天聽他報戰功，足足聽了一個月，也喝了一整個月的酒。一個月後，無憾的離世。

上凱道之前，那布很希望每年巴奈可以同行，回到內本鹿／劉曼儀攝影

在那布心中，大舅舅正是一個慓悍、勇敢的「布農勇士」的代表。終戰回家後，大舅舅主動去唸夜間講習班，後來還當上了村裡的代表。

那布沒有戰爭可參加，他選擇「勇敢的」參加了幾場為原住民族爭取權益的街頭運動。

剛認識不久，他邀我到園區做一場比較大的演唱會，也想邀胡德夫（Parangalan）老師，就帶了我一起去金峰鄉的嘉蘭村找胡老師。兩個人一見面就談起街頭抗爭的往事。

胡老師說，國民黨政府把李雙澤的〈美麗島〉列為禁歌，為了躲警察，他把電鋼琴搬到小貨車上，在街頭唱。警察來了，就開車讓他們追。

那布提到他在帶刺的鐵絲網前，面對鎮暴警察的害怕，說著說著就哭著跟胡老師說：「我一直在街頭找你，但是找不到你……」

胡老師對他說：「我也一直在找自己。」

當時的我聽了一頭霧水。

原住民族運動進入「回到部落蹲點」的階段時，那布回到部落，努力倡導原住民族權益。族人不安，很害怕。因為經歷過日本人拿著槍殺害族人的往事，部落長輩們一聽到是「和警察正面衝突」，都說街頭運動是「革命」，「太危險了」，避之唯恐不及。

街頭抗爭的經歷，強化了那布對原住民族權益及傳統文化的認識，視野開闊了，也找到生活的目標。

三十五歲那年，他約了幾個部落的年輕人一起上山，尋找母親家族的老家。沒有經驗，尋根的行動總是失敗，但他不肯放棄。二〇〇一年，他們在台東大學的南島社大接觸到「部落地圖」的概念與方法，開始由耆老帶領，探勘長輩們被日本人驅離下山之前的老家——內本鹿。

「重返內本鹿」的行動，持續了二十三年。這是他min Bunun——「成為真正的人」的實踐。

那布最大的願望是成為延續傳統的「說故事的人」，否則年輕人慢慢的「不知道鹿野溪在哪裡」，「不知道風下來的地方，不知道溪谷在哪裡」。

我們的朋友常說，我和那布一起演唱〈也許有一天〉時，我都深情的望著他，聽他講話，他的聲音真是好。那是因為他的身體真正負過重，一步一步走過山上遙遠的路才能有的歌聲。我是真心覺得那布好看得像藝術品。朋友又說我們是「愛人同志」。我說，對！

對曾經迷惘，困惑，在城市掙扎，找不到自己的我，那布是我的引路人。曾經對自己的能力充滿恐懼與問號的那布，把我當成一棵他可以放心依靠的大樹。我們一起分享內心最脆弱的情緒，一起面對，一起承擔，一起找路回家。

第二章 重返內本鹿

2002年，直升機世紀首航，前期由年輕人先上山整理場地／李潛龍攝影

Na Kulumah 我們要回家了

第一次進到內本鹿山上時，那布震撼，困惑。
上一代人口中的「豐沃之地」，如天堂般的老家，
多數地方都已荒蕪了一甲子，年復一年暴風暴雨摧殘，
倒的倒，塌的塌，路都找不到了。
到處都是灌木叢和野生蕨類，突然有動物衝出來，讓人嚇一跳。
除非走到崩塌地，不然什麼都看不到。
在林道上偶爾可以看到天空。
過了林道，看不到天，看不到遠方。
走著走著，忽然發現雲層就在腳下。

二〇〇二年十二月九日，台東延平鄉小孩都很興奮的跑來跑去——一架中興航空的螺旋槳直升機從天而降，停在桃源國中的操場！

大人不覺得好玩。這是嚴肅的大事。族人二十四小時輪番守在直升機旁。準備登上這架直升機的人前一晚就集中住進布農部落休閒園區，以溫泉淨身，為隔天的啟航祭告。

一九四一年的「內本鹿事件」時，日本人從陸地和空中逼迫住在山上的布農族人下山。只要聽到直升機螺旋槳的聲音，族人就知道日本人又要來打他們，要趕他們下山。這回，直升機又要上山，族人覺得出發前一定要先和祖先「打聲招呼」。

布農族的耆老古松山（Nas Tama Bisazu）帶著族人向祖先莊嚴祭告：「你們看到直升機不要怕，那不是日本人，是我們，是我們回內本鹿去看你們。」

那布他們把族人坐著直升機重返內本鹿山上的二〇〇二年，叫作「內本鹿元年」。計畫名稱是「Na Kulumah 我們要回家了——布農族耆老重返內本鹿：直升機世紀首航」。

我在音樂中找到自己的翅膀。那布是在他尋找在內本鹿山上的老家，以及重建家屋的過程裡找到自己靈魂的歸屬。這趟路，他走了二十三年。只要講起「內本鹿」，那布的眼睛就會發亮，有講不完的故事。

那布的媽媽下山時大概才十四歲。他們被日本人押著走，只能隨手抓住鍋碗瓢盆，邊走邊哭，許多工具、糧食與獵槍都還留在家裡，準備要採收的小米田也都被燒光了。她說那布的外公下山後，懷念家屋，經常遠望山頭，看著來時路，拍著自己的後腦說著：「好可惜呀，美麗的田園。」

媽媽是屬於內本鹿的「霍松安家族」，居住在內本鹿的 Taki Vahlas 區域。她的布農名是 Langus，下山後被戶政事務所取名「胡春蘭」。認同母系，取了布農族名的那布，和表哥胡忠義（Nas Biung）都是霍松安家族的後

重回老家是一條漫漫長路／李小石攝影

裔。他們幾個人上山探勘很多次。

上山的路，除了部分林道，大多是崩塌的大石和崖道，路況艱困，單程大約七十公里，體力好的單程就要走五至六天。每個人要揹至少四十公斤以上的大背包。

表哥是能力極強的人，曾在城市的建築業待過，做過百萬工程的監工。在山林裡，他身手敏捷，又自幼習獵，很自然就成為領袖。那布知道自己體弱膽小，就緊跟著表哥：「表哥就像我的拐杖。」那布向我形容他自己那時就像個「很有心機的好人」。沒有本事，他就是賴著表哥。

探勘時期，第一次進到內本鹿山上時，那布震撼，困惑。上一代人口中的「豐沃之地」，如天堂般的老家，多數地方都已荒蕪了一甲子，年復一年暴風暴雨摧殘，倒的倒，塌的塌，路都找不到了。到處都是灌木叢，野生蕨類，突然有動物衝出來，讓人嚇一跳。除非走到崩塌地，不然什麼都看不到。在林道上偶爾可以看到天空。過了林道，看不到天，看不到遠方。走著走著，忽然發現雲層就在腳下。

耆老們發現「記憶中老家的空間全變了」，心中充滿強烈的失落感。

和他們一起實地探勘的耆老邱銀山（Nas Tama Kintalu），以當年他們家族獵場旁超過百年牛樟樹為目標一路尋找，希望能找到過去聚落的標的物。但那百年大樹早已被非法盜採的山老鼠分屍砍伐，消失了。

邱銀山怎麼也想不到一株百年大樹會就此不見，那意味著老家的「家園」不見了，他年輕狩獵時，輕吮樹洞水的那個地點也不見了。那布形容耆老內心那種「痛」，像被刀劃過，是「撕裂的、流血的」。

內本鹿的老家一共被燒了兩次，一九四一年，日本人怕被驅趕下山的布農族人會偷偷回山上，把所有家屋和耕地全都燒了。

國民政府來台，對於日本曾占領的原住民族祖居土地，由蔣介石以一紙「概不歸還」的行政命令，再次決定了絕大多數原住民族無法翻身的命運。為了種苗圃，內本鹿的家園又被燒了一次。

原住民族世代居住的山林地，日治時期稱作林野地，由「山林管理所」管理。國民政府時代，這些林地變成國有地，交由林務局管理。當內本鹿的後裔再回到自己的祖居地時，已不是土地的主人，只是承包林務局工作的財團底下的一個伐木、種苗或揹苗的工人。

每次提到這兩段歷史，那布臉上的憤怒都可以噴出了火。

近四十年來，許多不同原住民族部落紛紛展開不同的「回家（尋根）」之路，從耆老的口述歷史，從祭儀文化的傳承，從文字，從語言，從歌謠，爬梳記錄。「回到山林，回到老家」也成為內本鹿後裔特別努力的使命。

二〇〇一年，台東師範學院（今國立台東大學）的劉炯錫教授在南島社大開課，以空間和歷史為主軸的概念和技術，來發展「部落地圖」。內本鹿後裔的阿力曼（Aliman）擔任他的助理，在延平鄉開辦了「內本鹿學院」，由「布農文教基金會」承辦業務。

部落地圖是利用全球資訊系統的立體地圖為基礎，用珍珠板做出一個二萬五千分之一的立體模型，進行類似拼圖的工作。

那布和表哥胡忠義、蔡善神（Nas Tahai）、阿力曼等部落青壯年男子根據耆老的記憶上山實地探勘，回來後依地形、河流的流向，點出部落、山川、地名及家族或部落獵場、耕地的範圍，同時找文獻來印證、補充。每一次的探勘大約是兩週的時程，最後從耆老認出的聚落，一個一個用衛星定位找出來，標示在立體地圖上。

2002年，直升機世紀首航，左起依序為林金水（Acui）、胡忠義、胡文華（Nas Tama Akin）、古誠山（Husung）、蔡善神／李潛龍攝影

那布那時擔任布農部落休閒園區的文化部部長，他在白牧師的支持下投入布農文教基金會的資源，成為整個計畫得以一直持續的關鍵人物之一。

他說：「沒有這個部落地圖的知識和技術，耆老是完全無法說明位置的。不只是技術，更重要的是要趁著耆老腳力還可以的時候，跟他們一起上山去做探勘這件事，同時記下他們對空間和當年生活的記憶。」

布農族沒有文字，都是以空間、耕地、獵場等各種生活的故事代代相傳。要保留布農的文化，族人及後裔就必須「重返內本鹿」，讓「故事」源源不斷，讓傳統延續。達成「部落地圖」的核心價值——讓累積了歷史、典故和軼事的人，成為「說故事的人」。

我對自己祖先的事幾乎完全沒有認識，那布說的內本鹿故事也和我以前了解的其他部落的事情，有很大的不同。每次聽他說，我都很感動。

布農族人的分布是以「家族」為單位，然後形成聚落。聚落生活圈最靠近住家的是田地，以小米田為主，也有地瓜和其他農作物。如果田地離家較遠，就會有紮營地。距離最遠的一定是獵場，會蓋獵寮。耆老們在探勘時，這些地方就成為指認目標的參考。

耆老們一點一滴的回憶和講述，像玩超級大拼圖，從第一塊啟動，慢慢就會有第二、三塊陸續出來。內本鹿耆老及越來越多的後裔在閒聊累積的故事重新串起，部落的圖像開始隱隱浮現。

那布第一次上山，空手下山。第二次才找到他們霍松安家族的祖居地。那布的二舅舅曾經告訴表哥：「這個叫Taki Vahlas的地方就是他們以前的家族聚落。」但他們上去探勘時，紮營了兩天仍找不到這個點。

就在大家以為要無功而返時，在離紮營地不到二十公尺處上面的一塊平台，竟然找到了二舅舅說的那個地點。那布說，那是「祖靈在護佑」，終身難忘。

大家激動的把身上的巧克力、酒，能拿出來的都拿出來，準備第二天的祭告。天亮後，表哥、蔡善神、邱約德（Muz）獵了一隻山豬。大家都認為這是好的徵兆。對布農族而言，在山上能取得適量的獵物，都代表了祖先的恩賜和祝福。大家也以「uninang」（感恩）的心情將山豬的豬頭作為祭獻。

這個成果出現後，許多在內本鹿出生、成長的耆老都迫切期待有生之年仍有機會回去故居、故鄉看看。

那布一心想幫長輩完成心願，卻想不出辦法，因為經過一甲子摧殘崩塌的山路，已不只是兩三天的時間能走完的腳程。於是，他以布農文教基金會和內本鹿學院的名義，向「中華民國文化建設委員會」申請一筆經費，用直升機載老人家重返內本鹿。

人助天助，當時的文建會專員陳銘城多方協調，陳郁秀主委決定支持這個「我們要回家了——布農族耆老重返內本鹿：直升機世紀首航」計畫。日期訂在國際人權日，十二月十日。

部落青壯年為了「停機坪」找地及整地，專程上山多次，最後在山頭上，也是日治時代內本鹿行政中心「壽駐在所」附近，找到一大塊平台，除草整地後，在地上劃了直徑三十公尺的圓，及大紅色「H」作為停機坪。

直升機來回飛了四趟，一共載了十五位當年被迫離家的耆老，加上先行

直升機計畫由文建會補助，前主委陳郁秀也搭直升機跟耆老們前往內本鹿／李潛龍攝影

上山準備睡袋、糧食的年輕族人，一共有四十多人上山。

那布生平最怕坐飛機，硬著頭皮登機，但這一趟「處女航」，飛啊飛的一直飛，還一度找不到停機坪，只好折返，下機做了一次遙拜，重新出發，才飛抵內本鹿。

陳郁秀也在這次首航的飛機上。出發前，她在布農文教基金會製作的內本鹿布旗上簽下「內本鹿元年」，在眾多的耆老面前說：「回家，是每一個人的基本權利。」

當年被迫從海拔一千五百公尺的山林徒步下山，在三百公尺的平地等待超過一甲子的耆老們，如今直升機只花了七分鐘半，就把他們載回山上的老家。

耆老們下飛機，踩到土地，激動不已，兒孫輩立即擁上，扶住他們。由孫子白布農（Anu）攙扶的那布媽媽放聲大哭。其他耆老安慰她不要再哭了。

她說：「我當然要哭……哎呀，這是我上學的路，這是我的地方，我生活在這裡呀，真沒想到還能夠回到這裡。」

那布對我形容那天的情況：「媽媽下機後其實是恍神恍神的，因為都變了，整個地形都變了。她就一直找，從邊邊找她以前上學的那個位置。找到那個隘口後，整個記憶中的地圖都跑出來。她的家就在隘口那邊，她們要這樣上學，要這樣走，然後過吊橋，然後到對岸，然後再繼續……她整個人清楚起來了。」

白天，年輕人扶著耆老們走來走去。晚上，他們圍著火，追憶當年每一家發生的事。

那布的媽媽說起山上唸「蕃童教育所」的童年往事：每天清晨從家裡要走一個多小時才能到學校，放學後再摸黑走一個多小時回家。到平地生活後，她在延平鄉衛生所任職，同時擔任「產婆」，穿門走戶，對各家族之間的姻親關係，各部落間的族群關係，還有傳統祭儀都瞭若指掌。

他們在山上待了四天。走不動的耆老留在原地休息，其他人和後裔利用兩天分兩隊分別往北到 Taki Vahlas 和往西南到 Madaipulan「回家」。晚上，他們圍著火，聊起他們還隱約記得，或是聽上一代口傳的往事，回憶配著小米酒，隨著淚水不斷流溢出來。

其他耆老從壽駐在所，一直四處走，一直走，走回自己的舊社。說是老家，其實早已沒有當年「家族聚落」的痕跡，只有幾處還有些斷垣殘壁，但聚落相關的記憶還清楚，他們會沿路指出當年誰的家屋，獵場和小米田在哪裡，指出日治時代的內本鹿行政中心的地點壽駐在所，旁邊還有神社、宿舍、學校、靶場、彈藥庫，還有雜貨店，非常熱鬧。

早上，老人家到了當年學校所在地，集體在壽駐在所的蕃童教育所升旗台前唱學校的日本校歌。那布和年輕的族人忽然覺得時空錯亂，不禁流下眼淚。

在山上舉行祭告儀式時，許多耆老都穿上傳統的族服，向土地，向祖先致敬。下山時，有的族人抓了一把泥土，帶下山給這次沒能回家的耆老。

那布跟我說起這趟尋根之旅，淚流滿面：「我們的老家曾是一個多麼富裕豐富的土地。布農族人只有親自到那個空間，才會體會那是一個孕育生命和文化的搖籃，才會找到自己的根。」

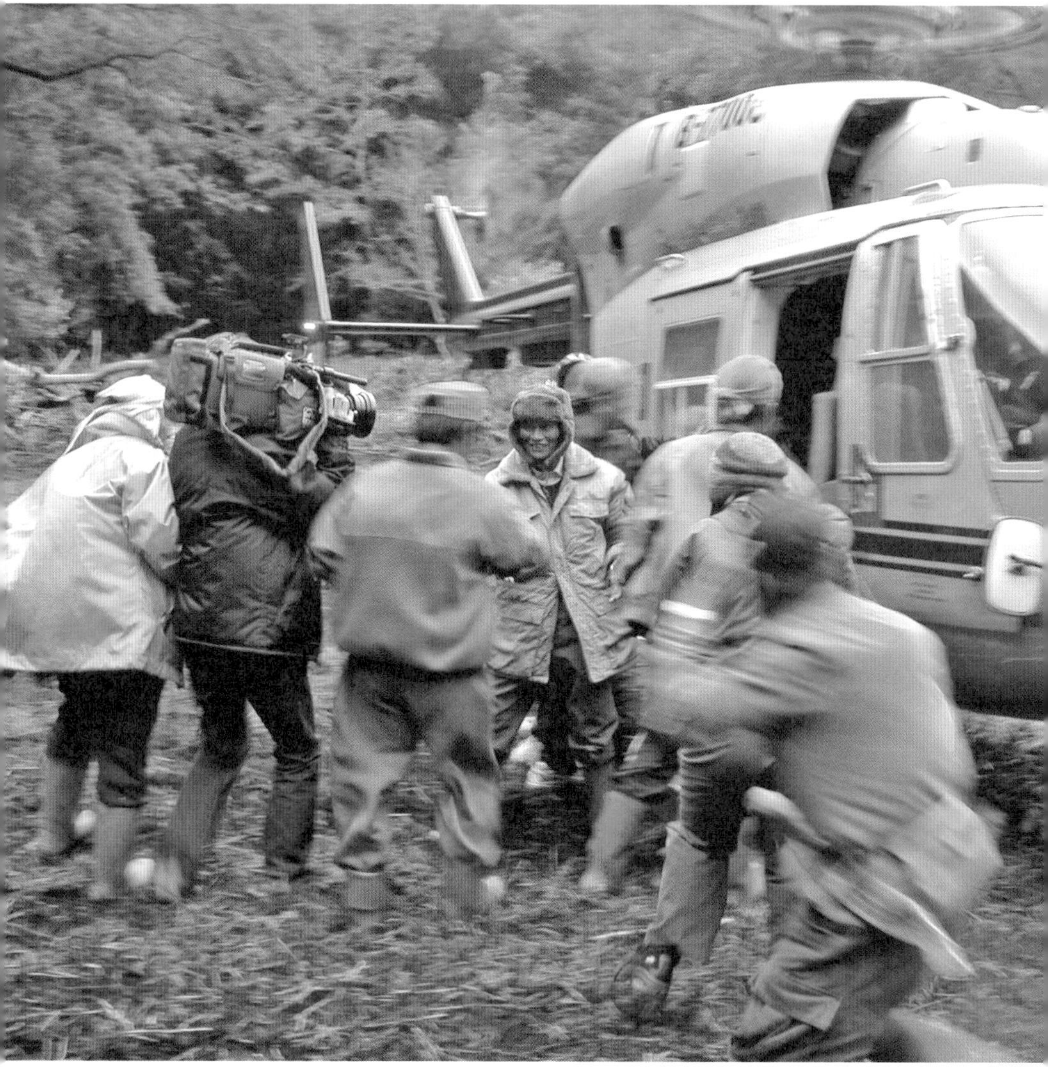

2002年，直升機只花七分鐘半，就讓耆老及族人回到內本鹿老家／李潛龍攝影

聽多了內本鹿的故事，我要求跟著上山。平地長大的我不知道父母親的老家在哪裡。我渴望去內本鹿。

那是跟我一起生活的男人的老家，這是一個很重要的「溯源」。

二〇〇八年，我跟著那布一起上山去內本鹿。作為領隊的表哥為了我的安全，強烈反對，問我在山上能做什麼。知道我決心要上山，他命令我的工作就是坐好，不要亂動，不要擋路，不要成為他們的負擔。

我算是相當強壯的女人，但這之前我畢竟還是個「城市小姐」，揹著三十多公斤的背包，走一小段就得停下來，等到不喘時再前進。來回走了快三十天，下山時，身體不行了，筋疲力盡的我只能躺在地上，一直向那布說：「吼，怎麼這麼遠啊！你一直騙我快到了，快到了，我已經轉了這麼多這麼多彎了，還是沒到。」

我就躺在林道上喊著：「我要死掉了！我要死掉了！」我從包包拿出一個小小包的王子麵，小口小口的吃，因為不知道還要走多久的路，不敢吃光，反正我一直就有那種我很累，我快要死掉了的感覺。

癱倒在林道時，有一刻，我想到自己的父親：「我現在躺的這個林道，是以前爸爸開卡車，養活我和哥哥們的路。」躺在地上，我放聲大哭。

在內本鹿山上，我從表哥、那布、胡海亮（Biung）、霍松（Husung）這些布農族的男人身上，看見了原住民在山林裡行動的本能。

有一個原住民族的族名，那還不夠，我沒有在山林生活的本能，我是不完整的原住民。我不要用聽的，看的，讀到的什麼「原住民與自然共存」，我要用身體，用勞動去感覺我原住民的血統。

重返內本鹿，我理解了那布說他初回山上時的震驚和困惑。

我被深深驚嚇。

上山途中，我們經過很大很大面積的造林地。我們在山下聽到「造林地」這三個字，感受上是非常令人肯定的政策。但是我踩上林道時，撲眼而來的是一排一排整齊排列的柳杉，很大面積的單一樹種。地表乾燥，完全沒有動物活動的足跡，沒有生命的氣息。

原來充滿生機的原始森林，透過伐木，拿走珍貴的物種，將山林完全根除。然後，剷平原住民族舊社，改為苗圃來培植小樹苗，再由族人揹上山頭整齊劃一的種下，小心呵護，再為樹苗除草，然後再等四十年讓樹苗變成大樹，砍伐運下山。

山上，大面積的原生植物滅絕，野生動物棲地也被大肆破壞，原住民族的文化正在死亡。

我認為政府的造林政策是野生動植物的壓迫者。政府的各級長官是如何在冷氣房下令，指揮這樣粗暴的政策？他們必須跟族人道歉，必須跟野生動植物道歉。

但是重返內本鹿也是充滿歡樂的經驗。我發現族人之間的感情在山上特別凝聚，如果打到獵物，更是鬧哄哄的像辦喜事，圍著火，唱不完的歌，說不完的話。

表哥常常調侃那布，說他不會狩獵。有一次，他坐在溪底旁的空地升火，表哥他們從五十公尺的高處追到水鹿，水鹿受了傷，從斷崖上「唰」的一聲掉在那布面前，大家在山頭上喊著要他用刀刺牠的要害。

「你要刺牠的心臟。」

那布大喊：「心臟在哪裡？」

「在左邊。」

他拿起刀橫在水鹿胸前，水鹿沒有理他，只是盯著他看。水鹿在大家的吼叫中準備逃走，正好衝向那布梗在牠胸前的小刀，就死了。那布不確定水鹿是不是被他以小刀刺死的，大家就取笑他，說這隻水鹿自己咬舌自盡。這件事被稱為「水鹿咬舌自盡事件」。

這類故事豐富了布農族的狩獵軼事。水鹿、山豬、山羊是布農族傳統的主要蛋白質攝取對象，但他們有「只要夠營養所需的蛋白質，就不能再殺，母鹿和幼鹿不能殺」的禁忌。同時，獵到的動物，家族必須共享，按比例分配給大家，絕對不能獨享。

布農語「uninang」，是感恩之心。別人的分享要以uninang的心感謝這份恩賜。因此，大家在祭儀上喝小米酒，送到你面前的那杯，你可以不喝完，而與別人分享。但不能說「不」，這是基本的尊重和禮貌。

走過「回家的路」，所有人下山後，大家不停的談回家的經驗，敍述裡有自己，有夥伴，也有聽來的祖先的故事。那布希望這些storyteller的故事和經驗可以一代一代累積。布農的信仰、布農的價值，最後會成為內本鹿霍松安家族的行動哲思，未來布農族歷史的一部分。

蓋自己的家屋

除了直接射殺我們，最有效消滅原住民的方式，
便是將我們和我們的土地分開。
——一九八五年全球原住民議會聲明

內本鹿四年，那布和表哥及族人把日本地圖上的十四個聚落空間都找到後，他們好像有點找不到再上山的理由。又想起內本鹿和萬山在歷史上有族群關係，因此有了一趟探親古道踏查。

一位美國教授石偶文（Steven Andrew Martin）參加了這趟行程。下山途中，他對那布說了一句影響深遠的話：「Why don't you rebuild your mama's house?」

那布下山後就和表哥一起跟媽媽和舅舅討論。老人家都反對。因為很久以前二舅舅幫人砍樹蓋房子，上山取木材，結果被關了半年，他們很擔心，上山蓋家屋，要是被林務局發現怎麼辦。

那布和表哥告訴他們：「那是你們的老家，只要你確認你們的爸媽沒有寫讓渡書或拋棄書，那回去重建家屋是應有的權利。」他們還對老人家說：「即使要進監牢才能回家，我們也甘願。」

「重建家屋」對那布和表哥而言，都是件很「孤獨」的事。因為蓋房子需要較多的經費，部落族人平時都需要靠工作的收入過活，參與度很低。表哥心情非常抑鬱，他曾經當著山上的隊友們說：「我們真正需要的不是金錢，而是讓我們布農族真正了解那個地方，傳承布農族的文化。那是老人家給我們的啊！」

如此艱困，如此不被看好，但那布和表哥仍充滿使命感，態度非常堅決。老人家們最後都接受了，並給予祝福，特別是那布的媽媽，每年在那布、表哥一行人上山時，都會盛裝來送行。

我了解他們的決心。那布和表哥、表嫂、姪女，曾經帶我去屏東霧台鄉魯凱族的「舊好茶」，去看人稱「邱爸」的奧崴尼．卡勒盛（Auvini Kadresengan）親手修復的石板家屋。

舊好茶的魯凱語是「古茶布安」，是早年有「雲豹故鄉」之稱的傳統部落。

一九八〇年舊好茶在政府的規畫下，搬到後來稱之為「新好茶」的地方，交通比較方便。邱爸說：「長輩們可能是為了讓子孫能有好的環境受教育而贊成遷村，卻使部落掉入陷阱。政府並沒有以我們的觀點看待。在山上，我們可以種地，可以打獵，可以自給自足。下山後，我們的技能變得一無所用，所謂的發展反而將我們推到處境最不利的角落。我們成為社會的最

表哥胡忠義（右）與那布／劉曼儀攝影

底層，我們的命運從此脫離不了貧窮。」

一位巫師曾對邱爸說，他父親的靈魂有意回家，問他為什麼不為父親做個引領靈魂回家的儀式。邱爸覺得只有儀式不夠，要讓父親的靈魂能夠住回山上的家才行。所以他用七年的時間，勤奮不懈的用石板重建了自己家族的傳統家屋。那些年，邱爸一年中有半年都住在山上。

那布常常取笑我，說我一到邱爸的石板屋就一直唱歌，跳舞，停不下來。

我們脫了鞋子進入邱爸的石板屋，就發現屋內還有坐的石作馬桶。我瞪大了眼睛。石板屋是有人住過，會發亮的屋子。我開始明白許多老人家描述中，他們以前生活的豐裕與富足是什麼樣子。原來是真的，我好像進到一座皇宮。

在屋外，我看到從山頂一瀉而下的雲瀑，放眼望去的高山稜線，四周都是樹木。喜悅、讚嘆的感覺滿滿灌注到我心中：山上原住民族文化誕生的空間是真正與土地緊密相連的家園。

布農族說的「sinsavai」，意思就是「不服輸」。就像大水沖下來了，有一顆石頭，或者是一根樹根，就是不想要走，一直頂在那裡，即使知道很快就會被沖走，也一直頂在那裡。在有能力被看見的時候，就站著。這是布農人之所以可以「慓悍」的本質。

身為布農後裔，那布已無機會「征戰」及「報戰功」，他只能憑著這種sinsavai的精神把自己撐住，從未有過退卻的念頭——除了一次因為肺栓塞住院之後，醫師要他顧慮其他隊員會承擔過大的壓力，才沒有上山。即便後來曾經做了膝關節置換手術，那布也要求自己每年都要上山。

一位跟隨他上山的漢人夥伴看他一路喘著，當年走一小段就得停下來，等到不喘了再前進，那時還能揹著四十多公斤的背包。朋友發現他有心絞痛的症狀後，更擔心他會一口氣喘不過來，於是在半途問他：「你有沒有考慮放棄上山？」

那布毫不猶豫的說：「我絕不會放棄，就算死在這裡，我也甘願。」

雖然喘得厲害，平常運動較少，身材比較臃腫，但在山林的路上，不論是攀岩，或走崖壁的險路，那布的身手都顯得非常「輕盈矯健」，讓朋友驚嘆不已，說他親眼目睹了我常講的「布農族身上有山林子民的ＤＮＡ」。

像出唱片，第一張最難，要出第二張，第三張更難。內本鹿元年之後，許多人覺得直升機計畫圓滿完成，回家的目的已經實現，為什麼還要再回山上？

但，那布和表哥堅持要繼續走，同時也要把還在「消失名單」上的聚落找出來。

去過內本鹿之後，我對身體「在大自然裡生活」的那個能力，開始有了理解和想像。除非碰到無法改期的演唱通告，我一定會跟那布他們一起上山。

凱道抗爭行動開始後，我停止上山。但仍當過幾次「補給隊」，就是在他們下山時，到十九．五K或二十五K的紮營處用食物慰勞他們。這些又累又餓的人最想吃的蹄膀、魯肉經常排行第一。烤雞、青菜貢丸、荷包蛋、花生土司，再加幾瓶酒，就是盛宴。我們像「外送員」一樣把食物送到紮營處時，現場總是歡聲雷動。

部落族人和青年學生陸續加入「重返內本鹿」的回家行動。從「內本鹿二年」一隊，到現在一年四隊，平均每年有三、四十人上山。

2008年，內本鹿七年，第一次家屋重建，巴奈第一次隨那布返回內本鹿／劉曼儀攝影

重返內本鹿行動前十年幾乎都由那布負責規畫，表哥帶隊執行。那布自稱像表哥的「小跟班」。表哥過世後，他就扛起「資深領隊」的角色。內本鹿五年，政府的補助款停止。幾乎同時，大家覺得建造的霍松安家屋是那布媽媽的故居，為了有絕對的自主性，決定不再向官方申請補助。從那時候開始，那布和我就負擔起募款和義賣的工作，籌措回家行動經費。

內本鹿五年啓動「家屋重建」的三個關鍵人——表哥、那布、胡憲雄（Dahu），加上阿誠、古總結（Biung）、胡海亮幫忙揹負物資送至 Taki Vahlas。先做牆垣修復，該打掉的打掉，重新再把牆垣砌起來。

隔一年則是找合適的木材，用環狀剝皮留下樹皮，讓它們明年不要腐爛。然後就是找屋頂和地板用的石板。單是弄好這些材料，花了兩年的時間。

內本鹿六年，跟著專家研究台灣黑熊分布的劉曼儀，也加入團隊，親身參與了這兩年風風火火的籌建過程，寫出《Kulumah．內本鹿》這本書。

她在書中提到：「大家動手蓋家屋絕非一件容易的事。何況地點是即使腳力好的人也要徒步四到五天才能到達老家 Taki Vahlas。從上山蓋房子到下山，一趟『回家』的路程，往往需要二、三十天，更別說山上完全沒有電力，所有工具都必須背負上山。背負糧食再加上蓋房子工具，每個人身上扛負的背包很容易就超過四、五十公斤。」

一路上，曼儀沒叫一聲苦，全心投入家屋重建的工作。曼儀創辦了「內本鹿小學」，由表哥擔任校長，讓表哥的山林知識在那幾年在課程中展現。

二〇一三年，表哥走了之後，表嫂淑貞和曼儀以殺一頭豬的儀式，由家族中輩分最年長的大表哥胡文華主持正式的祭儀，來完成表哥的遺願，認曼儀為義女。那布媽媽也把自己的布農名字Langus給曼儀。從此，我們都叫她Langus。

二〇〇八年，內本鹿七年，也是我第一次上山的那年，是重返內本鹿的一個里程碑。家屋重建完成。

重建家屋的行動凝聚了青壯年族人的認同和力量。表哥帶領了十一位隊員。男性隊員平均負重至少五十公斤以上，大家拿著鋸子、斧頭、鉚釘、大鐵釘、粗鐵絲，大家的手腳幾乎都沒停過，終於完成了第一棟家屋。

家屋完成後，那布、表哥及霍松安家族做了一場「屋頂論壇」。男人坐在屋頂討論傳統規範及家屋的事。

那布後來告訴我，那個「屋頂論壇」很重要。因為有了「家」，一些禁忌（samu）和規範就慢慢建立起來。

老人家建立起來的家屋和相關典故，就像「巨人的肩膀」。現在「肩膀」已經垮掉，在不斷上山回家的過程裡，我們就要把一些約定，共同發生、共同決定的事，像一塊一塊小石頭重新堆疊。

內本鹿七年，家屋完成那年的八月，莫拉克颱風來了。許多住在山上的部落因為山崩和土石流損失慘重，高雄的小林村慘遭滅村。

風災後，參與重建的人都堅持要上山：「山上及家屋不知毀壞到什麼程度，我們一定要上山。」但是山的形狀有了大扭曲，崩塌得很嚴重。兩個隊伍都找不到路，無功而返。

同年，表哥不放棄，他去問以前在那邊的林班地工作過的人，有沒有路可以下切後再往上回到Taki Vahlas。表哥得到的答案幫助不大，最後還是靠自己的本事走到被莫拉克摧毀大半的家屋。

二〇一一年，內本鹿十年，那布、古總結、胡憲雄，還有一位日本小姐尾島，都跟著表哥上山。那布告訴我，他們看到新建的家屋幾乎是整個垮下

上圖：2008年，劉曼儀（右）參與內本鹿七年，第一次家屋重建／劉曼儀提供
下圖：表哥胡忠義（中）是第一次家屋重建的總工程師／劉曼儀攝影

來。石牆傾圮，屋頂垮了一大半，石板長了「咬人貓」，蕨類、野草張揚的淹沒了家屋內的空間。

家屋只剩半片牆，他們把尚能遮點風雨的屋內讓給女眷。那布和表哥在外頭搭帳篷，看著滿天星星，兩個人內心都痛苦不已。那布告訴我：「家屋垮了，當然就要恢復。可是那個時候，大家都難過到不能動。」

半夜的時候，表哥想要起身，需要那布幫忙扶，但那布自己身體狀況也不好，兄弟兩人艱困的互相攙扶，不知如何是好。下山後，才面對問題，重新討論：「明年該怎麼辦？」「要不要再重建？」

回到山下的表哥陷入低潮。家屋毀於一旦，他的小兒子又因H1N1新型流感過世，表哥日日以酒澆愁。二〇一一年，大表哥女兒要結婚，表哥無法上山，沿路一直喝，一直哭，淚眼汪汪的送大家到入山口。

隔年，表哥因車禍往生。我和那布在山上，他說表哥走了，他的靈魂也飛掉一半。那布常說：「他走了以後，跟大家上山是我最痛苦的時候。每一個地方，我都聽得見他的聲音，他在那裡罵我，在那裡笑我。我們在許多地方一起拍過照片，他好像還在那裡。走在那山路上，我覺得萬分孤獨……

我還能上山嗎？」

他甚至懷疑表哥的離世是不是一個祖靈的sign？要他們不要再繼續走了。他問媽媽：「怎麼辦？我在山上很弱。表哥是我的拐杖，拐杖消失，不見了，我還能繼續走嗎？」

那布的媽媽一再鼓勵他要繼續走：「你還有手中的棍子可以依靠啊。」內本鹿十一年，大家仍然上山，盡可能把修屋的材料準備好。隔年，另一個也叫Dahu（胡榮茂）的霍松安家族後裔成為新的領袖。那布很欣慰新一代接棒了：「表哥生前就有跟Dahu說過，未來就是要交給你們這一代。房子接下來就交給你了。」

「Dahu的決心好強大，」那布說：「那個『提火上山』的行動是他自發性要做的。」

在許多原住民族部落，火是重要的象徵，是生命。春天的四月，Dahu和小圭將那布在山下點燃的炭火細心呵護著提上山。經過每個露宿的營地都沒有熄滅，隔日再提著炭灰前行，直到回到家屋。我想，對於Dahu的心，路途中是充滿神聖，渴望要跟自己祖先連結的儀式，min Bunun，渴望成為真正的人。

我曾經讀到一九八五年全球原住民議會的宣告：

「除了直接射殺我們，最有效消滅原住民的方式，便是將我們和我們的土地分開。」

上了山，我親身生活在內本鹿布農族人的祖居地，看到族人的行為舉止，才開始了解族群的文化是和他們生存的環境息息相關，離開山林，離開祖先的祭典與儀式，他們也喪失了作為族群一份子，作為「人」的身分。

對那布和他的霍松安家族——被驅趕下山的原住民——重建家屋，重建傳統文化，是唯一能翻轉命運的歷史任務。

內本鹿十三年，霍松安家族後裔由胡海亮當領隊，帶著Dahu「總工程師」所預備的工具和材料，上山去把家屋重新蓋起來。

家屋蓋好後，Dahu覺得沒有小米田，連小米酒都釀不出來，「哪能叫家？」

2008年，內本鹿七年，家屋重建完成／劉曼儀提供

他用好幾年的時間尋找適合小米生長的耕地。也許因為林務局的林木改種，還是林班地的修整，Dahu多次試驗，發現家屋附近的土壤已經不夠肥沃。最後，他找到離家屋將近五公里的Navas，他計畫二〇二四年起在此栽種小米田。

家屋再次重建後，內本鹿重返之路出現了年輕的新領袖：除了Dahu，還有在台東均一實驗學校當老師，也在平時專研內本鹿史的柯俊雄（Katu），以及表哥的義女Langus。每年都有四個隊伍上山，第一隊是兩人一狗，勝文、柚子、阿幹的「先鋒隊」，確認路線、水源、營地備材。第二隊做「內本鹿空間調查」。第三隊是「工程養護隊」，工程之外，也負責農作物開墾。第四隊是以「回家」為目標的「主隊」。

內本鹿十四年開始，高中、國中、國小學生，到一歲的嬰兒都跟著上山。出發的日子都以小學放寒假的時間為基準。那年還遇上超級寒流，上山隊伍頭一次碰到下雪。

我第一次在高山上看到漫漫白雪。因為雪地，回家的路變得更難走，我又冷，又累。

那一年，主隊也多了一個名稱——「老弱婦孺隊」。那是那布決定加上去的。

在山上每天都是搭外帳紮營，那布都會把最靠外邊的位置分給自己，因為他睡覺會打呼，最旁邊雖然冷風比較大，但也比較不會吵到隊員。而中間比較溫暖的地方留給較弱小的與老的。在一個叫「蘇泰山」的基地，一個年輕人一直要和一個小女孩換比較中間的位置。那布勸他應該表現出年輕人的樣子：「再累，你也要表現出沒有問題。不能和小孩搶。」

這位年輕人回答說：「啊，我們年輕人最辛苦，有很多路段要走，還要幫你們老人家揹背包。」

那布那時才驚覺到：「如果你們年輕人覺得因為老人家，所以你們特別辛苦，那就不用叫老人家來了。老人家如果覺得自己被嫌，像拖油瓶，他們也不會願意再跟。

「布農族的文化中，照顧老人家是很重要的傳統。如果體力夠好，能力夠好的年輕人才能上山，那就變成『登山隊』了，而不是家族一起回家。」

那布和Dahu講起這件事。Dahu開始強化山路的養護工程。有一塊擋在

2016年1月25日，內本鹿十四年，遇到霸王寒流霜雪濕冷的氣候／林祐竹攝影

2016年1月26日，內本鹿十四年，沿途的險境／Apple攝影

路中間的大岩壁，逼大家必須下切到崖下溪流處再往上攀爬，是最耗體力的路段。他帶著年輕人在岩壁上鑿挖出一條岩道，同時釘上了攀繩。他告訴那布：「除了教育年輕人，我們也應該儘量把最困難的路，讓它變得比較好走，讓老人家不至於因太難走而退卻。」

「老人家不能被嫌棄」牽涉的是布農族的價值觀。上山的行動，那布最關心的是「傳承」。他希望布農的孩子上山回家的熱情能夠不斷被點燃，才能不斷從老人口中聽到典故，認知傳統。「如何在回家的過程創造那個意義？」「年輕人在這個行動中能獲得什麼？」是他經常苦思不已的重點。

「不斷遷徙」是布農族的傳統。人口超越現有土地和空間負荷時，有能力的男性族人就需再去尋找新的空間，讓家族得以延續、茁壯。「遷徙」這個行為背後還有更重要的意義：布農族人相信久住一地會成為對「舒適圈」的依賴，會削弱族人的山林能力和奮鬥的意志力。

如今，年輕人為了較高的薪資湧入城市工作，逐漸習慣了快速且便利的現代生活。重返內本鹿的歷程艱辛，充滿挑戰，卻能激發出每個人的潛力，喚醒布農族血液裡的本能。但是，重返內本鹿的行動往往要一個月，年輕人無法請假一個月，怕一個月沒有收入，更怕一個月之後，沒有了工作。

那布常說，我們要有能力在山下，也有能力在山上過活。不能讓山下的生活斷了你上山的路。他擔心年輕族人已經習慣平地或城市的舒適圈。他形容這是「洪流」：「年輕人的壓力越來越大，大到他們都只能在這洪流中被帶走。」

那布希望重返內本鹿的行動能夠成為「現代生活和傳統生活的橋梁」。至少為內本鹿的後裔留下一個他們可以和傳統連結的橋梁廊道，一個「傳統領域」。

傳統領域的概念是能讓原住民族在祖先居住過的山林聚落自由進出。不是圈塊保留地，讓許多原住民「被迫」在原不屬於他們族群的空間，在鐵皮屋、水泥房生活，逐漸喪失了他們的歷史記憶、傳統規範和山林文化。

重返內本鹿的路上，那布除了表哥，還有一位有著革命感情的兄弟——蔡善神。從探勘時期到直升機計畫，一直到後來的回家行動，他都是關鍵人物之一。為了深入了解內本鹿歷史，他在政大研究所的論文主題就是以內本鹿布農族遷移到延平鄉的歷史為主題。

二〇二二年，那布邀一位朋友去和他做訪談。蔡善神拖著已近枯萎的身軀，不斷以沙啞的聲音說著：「重返內本鹿，一定要繼續走，一定要繼續走。要走到自治。」

蔡善神的話，始終印在那布和我的心上：

這是一條遙遠的路
這是一條孤寂的路
因為我們很久沒回到家
因為我們忘記了內本鹿
因為我們忘記了內本鹿

二〇二三年，內本鹿二十一年，蔡善神在回家團隊準備上山前半個月憾然離世。那布傷心的在臉書寫下：「他的聲音，他的創作，耆老的生命歷史與期望，要我們繼續努力回家的腳步。」

那布跟他的夥伴在回家的上山行動中，也曾和林務局及相關單位的人有

2013年2月7日，內本鹿十一年，表哥過世後的一年，青壯世代（右下二Katu，左上六 Dahu，第二排左六Langus）成為新一代領袖，那布（左下一）、巴奈（左下二）／簡正昇攝影

過幾次衝突。

內本鹿家屋是林務局管轄的區域。每次行動都要寫好計畫，上山十五天前，向林務局提出申請。在靠近入山口的地方，當時是從巴喜告到山上的十四．五公里處就設有柵欄。平常是用大鎖上枷的。沒有申請就不能進入。

有一年，那布他們已在柵欄口準備上山，但林務局的人卻沒依約出現。那布非常生氣：「我們回家，必須先提申請已經很沒道理了。然後提了申請，又不來。回家，為什麼要等別人來幫我開門？」說著說著，就直接拿個重物，把大鎖打掉。

還有一次，因為隊伍中有人受傷，要緊急送醫，他們提早下山，也聯絡了林務局的人，請他們早一點開門，結果等著他們的不是林務局的人，而是森林警察。這讓那布和隊友更加氣憤：「原來你們把我們當小偷看待。到底誰才是小偷？你們對我們根本沒有信任。」從此他們就不再提申請了。

最大的一次衝突是家屋蓋完之後，林務局和派出所開始要求他們「造冊」。他們要入山時，林務局的巡山員追著他們，要他們造冊，否則不能入山。

那布覺得他們每年上山都有公開記者會，而且家屋都已經蓋好了，「不是說『回家是每個人的基本權利』嗎？為什麼我回自己的家，還要申請，要造冊？」

那回那布有點喝醉，情緒變得很激烈。他們村子裡有人說過，霍松安家族的人很凶，喝了酒會更凶。我怕事情鬧大，把生氣罵人的那布拉到一邊，要他不要管，給年輕人管。然後就是領隊霍松出來和他們理論。

霍松很年輕時就去跑遠洋漁船，在後面幾年擔任回家行動的領隊。那位巡山員是達魯瑪克部落的，霍松和他一直爭論，最後他就問這位巡山員：「那你說嘛，那個區域（指內本鹿）是你的，還是我的？」巡山員說：「你的。」

霍松就說：「啊，那不就對了嗎？既然如此，我回家，我帶我的朋友回家，干你屁事。」

布農語「pasnanavan」意為「學習」或「學習之地」。「內本鹿 pasnanavan」就是一所圍繞內本鹿的山人教育的學校，由Dahu和Langus負責。他們以部落耆老為師，推動布農山林智慧的山人課程，傳統技藝的傳承，建立「山林的傳承教育」，並將「回家」納入課程目標。

每年台灣欒樹開花時，族人會聚在一起討論回家的行程。學生在寒假期間分成不同隊伍參與，重返內本鹿期間，跟著長輩學習。

這幾年，年輕的領袖持續帶隊回到祖居地，不只家屋重建回來了，他們還在屋子附近耕作，耕作前會以羅氏鹽膚木進行「立白」的傳統祭儀，與月亮立約，告知將在此地耕作，然後才灑下小米，播種。

我深深感激那布他們帶著我這個曾經叫柯美黛的女生上山。這條路，是他們用了二十三年的時間走出來的，而且仍在繼續。那布說這是「用腳寫故事」。

那布雖然體力一年比一年弱，但他仍每年持續上山。我們兩人決定，在二〇二四年五月二十日以後，從每年一個月、兩個月開始，慢慢延長在山上的內本鹿家屋生活的日子。

附錄：被消失的內本鹿

「內本鹿」指中央山脈卑南主山以南、鬼湖區以北及東側山區，位於台東縣延平鄉鹿野溪上游集水區一帶，曾是布農族聚落群所在範圍。魯凱族先於布農族在此生活。「Laipunuk」本來是布農族對魯凱族的稱呼，之後變成地名。魯凱族搬到萬山（高雄茂林鄉）之後，Laipunuk就變成布農族主要生活區域。

布農族的源頭最初來自「Lanmuan」，經田野調查、文獻比對可知其位於台灣中部濁水溪下游平原一帶。位於國道三號的南投服務區，山壁上掛有巨幅「Lanmuan」白色招牌，意謂著那裡是布農族祖先的發源地。

布農族的遷徙歷程與一則神話有關。傳說布農族的先祖能夠與動物對話。曾有一條巨大的蛇擋住了濁水溪的出海口，水就一天一天漲起來，一山淹過一山，變成大洪災，殃及部落。布農族一山逃過一山，直到逃到玉山，洪水才終於平息。由於高山上非常寒冷，為了尋找火種，布農族決定請蛤蟆、飛鳥等動物協助。

隨後，布農族繼續順著玉山的源頭往南遷，翻過了玉山、中央山脈，來到Mannavan（今花蓮卓溪鄉大分）。大分是布農族南遷非常重要的中繼站。布農族最早南遷的巒社群，不只抵達大分的拉庫拉庫溪流域，還繼續南遷至卑南主溪源頭的新武呂溪一帶。

郡社群順著巒社群所屬的大分繼續南遷到新武呂溪上游，再翻過中央山脈，到高雄桃源鄉的荖濃溪，以及楠梓仙溪——就是現在的那瑪夏鄉。布農族在那瑪夏建立的第六個社群叫做Dakabulan，最後南遷到鹿野溪上游的集水區Laipunuk。

日治時期之前，布農族在內本鹿過著自給自足的生活，直到日本政府來台後才遭逢劇變。日本政府先管治平埔族，接著把重心移往山區，因為台灣山區有非常珍貴的金礦、煤礦等資源。一九一一年，佐久間左馬太總督開啓「五年理蕃」政策，計畫用五年的時間將山區各個原住民部落納入日本帝國的控制範圍內，就是為了取得山林資源。

「五年理蕃計畫」由北到南施行，起初遇上泰雅族、太魯閣族，日本總督先下令強制沒收部落的獵槍，再用威脅利誘的方式控制部落。自古以來，獵槍是原住民的生計來源和身分地位的象徵；它通常由祖父輩傳給後代，因此也維繫著家族的記憶與情感。可想而知，槍枝被強制沒收，引發非常強烈的反抗，比如一九一四年的太魯閣戰役。

太魯閣戰爭隔年，政府勢力來到台灣中部，碰到拉庫拉庫溪流域的布農族，日本政府收繳他們賴以為生的狩獵槍枝，族人繼而反抗，襲擊日警，掀起一連串布農族抗日事件：大分事件。這起事件導致一九二一年開通「八通關警備道」、一九二七年闢建「內本鹿警備道」，還有「大關山警備道」。藉由這三條警備道，日本政府得以嚴加管理山區的原住民。

一九三〇年霧社事件爆發，賽德克族人不滿日人的奴役，殺害一百三十四名日本人。日方以飛機、大砲、毒氣鎮壓，領導人莫那魯道自盡，數百原住民集體自縊，參加起事的部族幾乎遭滅族。霧社事件改變了日本治理山區原住民的方式，讓日本政府決定推動「集團移住」政策，強迫原住民遷到山腳下集中管理。內本鹿的霍松安家族就被迫從Taki Vahlas遷徙。其他部族不是遷到中央山脈的山腳下，而是海岸山脈的山腳下，高、低海拔的巨大落差讓他們水土不服，甚至因此喪命。

一九四一年三月九日，Haisul家族發動突襲。他們在重返內本鹿途中，順著鹿野溪，在各個駐在所展開出草行動。先後到紅葉溫泉的駐在所、清駐在所、楓駐在所出草日警。日本政府為了反制，展開雙面夾擊，分別從東、西兩側將Haisul逮捕，亦試圖以蕃治蕃，拉攏當地較親日的布農族召喚Haisul。Haisul最終敗在日本人手中。這起事件放在台灣史的脈絡裡，是原住民最後一次武裝抗日。

附帶一提，內本鹿山林資源遭到濫伐，除了日治時代，國民政府遷台後，初期把台灣當作光復的寶島，以農林養工，展開大砍伐。因此開通了延平林道——這條林道涵蓋桃源村紅葉部落，一直順著美奈田的稜線來到內本鹿區域。這塊區域在海拔一千五百公尺以上有非常豐富的檜木群。後來，國民政府頒布造林政策，林務局陸續將家屋、石板屋剷平，化為苗圃。這是台灣山林曾經歷的大砍伐時代。

此文摘錄自柯俊雄的文章

尋根時期，族人在此將這片疑似日警槍彈打過的石板立起，作為紀念碑／資料來源：內本鹿霍松安家屋重建隊

第三章

總統的承諾

2016年8月1日，蔡英文總統在總統府向原住民族道歉，巴奈與那布於前一晚即來到凱道，參與「原住民族轉型正義同盟」所發起的集會／蔡名修攝影

蔡總統向原住民族道歉

四百年來，每一個曾經來到台灣的政權，
透過武力征伐、土地掠奪，
強烈侵害了原住民族既有的權利。
為此，我代表政府向原住民族道歉。

——蔡英文總統

二〇一六年小英當選總統，這是我非常期待的結果。因為她曾在競選時就提到當選後會「向原住民族道歉，那是她應該做的。」她也常說她的祖字輩有人是原住民，她身上也有原住民的血液。

她是福佬客家人和台灣原住民族的後裔，有四分之一排灣族血統。她的排灣族族名叫「Tjuku」，意思是太陽形狀渾圓，也有領袖女兒之意。

就職典禮前，小英總統和相關幕僚工作人員及支持者有一場春酒聚會。我受邀而去。現場非常熱鬧，但我只掛記一件事。

那天，她邀請我在就職典禮上唱兩首歌，我答應了。我謝謝她在競選時對原住民族權益的關切。但我也向她說，這次的典禮全世界都會看，希望她能在就職場合提到原住民族權益及要向原住民族道歉的訊息。她說會回去和幕僚討論。

就職典禮那天，除了演唱〈大武山美麗的媽媽〉和〈黃昏的故鄉〉，工作人員也邀我參與最後〈美麗島〉的大合唱。我沒有明確的答應他，決定如果小英總統有向原住民族道歉，我才唱〈美麗島〉。她發表就職演說時，我在後台專心的聽。

她先提到「轉型正義」。然後說：「在公平正義的議題上，我會秉持相同的原則來面對原住民族的議題。今天的就職典禮，原住民族的小朋友在唱國歌之前，先唱了他們部落的古調。這象徵了我們不敢忘記這個島上先來後到的順序。」我真的很高興。最後也參加了台上所有人的大合唱。

小英總統向原住民族道歉的時間定在就職後的八月一日，也是「原住民族日」。我和那布都接到邀請。因為我們和許多部落的夥伴組成一個「狼煙行動聯盟」，總統府的聯絡人還希望那布能在道歉日一大早，在總統府前升狼煙，幫小英總統引領原住民族祖靈保佑。

那布立即拒絕，並告訴他們狼煙不是這麼用的。以前原住民族部落分布在山區、平野或沿海，因通訊不發達，每當有事，就會透過狼煙，傳遞報信、支援、行動前集合等消息。

雖然「狼煙」後來也用來向上天、向祖靈祈福。但總統要向原住民族道歉，卻要原住民族去為政府燒狼煙祈福，不合適。那布也和我討論到，民進黨現在已經是執政黨，我們未來是要站在政府的對面，去監督它。

有一群來自各部落的年輕人組成了「原住民族轉型正義同盟」，號召大家在屏東恆春東城門外集合，要用一個月的時間徒步北上，並在八月一日「原住民族日」的前一天抵達凱道，拉起「正視歷史、還我正義」的大布條。我和那布、馬躍・比吼（Mayaw Biho）也在前一天到了凱道，加入這群年輕人。

二〇一六年八月一日早上九點三十分，我們在凱道，看到總統府正大門前開始進行呼喊儀式，現場並點燃小米梗，引領原住民族祖靈。在儀式之後，小英總統進入總統府內發表她的道歉演說：

2016年7月，有一群來自各部落的年輕人組成了「原住民族轉型正義同盟」，以一個月的時間，從屏東徒步於8月1日前夕抵達凱道，搭棚集結表達抗議／蔡名修攝影

【蔡英文總統代表政府向原住民族發表道歉文】

各位現場來賓、電視機前面的觀眾朋友、全國人民同胞，大家好！

二十二年前的今天，我們憲法增修條文裡面的「山胞」正式正名為「原住民」。這個正名，不僅去除了長期以來帶有歧視的稱呼，更突顯了原住民族是台灣「原來的主人」的地位。

站在這個基礎上，今天，我們要更往前踏出一步。我要代表政府，向全體原住民族，致上我們最深的歉意。對於過去四百年來，各位承受的苦痛和不公平待遇，我代表政府，向各位道歉。

我相信，一直到今天，在我們生活周遭裡，還是有一些人認為不需要道歉。而這個，就是今天我需要代表政府道歉的最重要原因。把過去的種種不公平視為理所當然，或者，把過去其他族群的苦痛，視為人類發展的必然結果，這是我今天站在這裡，企圖要改變和扭轉的第一個觀念。

讓我用很簡單的語言，來表達為什麼要向原住民族道歉的原因。台灣這塊土地，四百年前早有人居住。這些人原本過著自己的生活，有著自己的語言、文化、習俗、生活領域。接著，在未經他們同意之下，這塊土地上來了另外一群人。

歷史的發展是，後來的這一群人，剝奪了原先這一群人的一切。讓他們在最熟悉的土地上流離失所，成為異鄉人，成為非主流，成為邊緣。

一個族群的成功，很有可能是建立在其他族群的苦難之上。除非我們不宣稱自己是一個公義的國家，否則這一段歷史必須正視，真相必須說出來。然後，最重要的，政府必須為這段過去真誠反省，這就是我今天站在這裡的原因。

有一本書叫做《台灣通史》。它的序言的第一段提到：「台灣固無史也。荷人啟之，鄭氏作之，清代營之。」這就是典型的漢人史觀。原住民族，早在幾千年前，就在這塊土地上，有豐富的文化和智慧，代代相傳。不過，我們只會用強勢族群的角度來書寫歷史，為此，我代表政府向原住民族道歉。

荷蘭及鄭成功政權對平埔族群的屠殺和經濟剝削，清朝時代重大的流血衝突及鎮壓，日本統治時期全面而深入的理蕃政策，一直到戰後中華民國政府施行的山地平地化政策。四百年來，每一個曾經來到台灣的政權，透過武力征伐、土地掠奪，強烈侵害了原住民族既有的權利。為此，我代表政府向原住民族道歉。

原住民族依傳統慣習維繫部落的秩序，並以傳統智慧維繫生態的平衡。但是，在現代國家體制建立的過程中，原住民族對自身事務失去自決、自治的權利。傳統社會組織瓦解，民族集體權利也不被承認。為此，我代表政府向原住民族道歉。

原住民族本來有他們的母語，歷經日本時代的同化和皇民化政策，以及一九四五年之後，政府禁止說族語，導致原住民族語言嚴重流失。絕大多數的平埔族語言已經消失。歷來的政府，對原住民族傳統文化的維護不夠積極，為此，我代表政府向原住民族道歉。

當年，政府在雅美族人不知情的情況下，將核廢料存置在蘭嶼。蘭嶼的族人承受核廢料的傷害。為此，我要代表政府向雅美族人道歉。

自外來者進入台灣以來，居住在西部平原的平埔族群首當其衝。歷來統治者消除平埔族群個人及民族身分，為此，我也要代表政府，向平埔族群道歉。

民主轉型後，國家曾經回應原住民族運動的訴求。政府做過一些承諾、也做過一些努力。今天，我們有相當進步的《原住民族基本法》，不過，這部法律，並沒有獲得政府機關的普遍重視。我們做得不夠快、不夠全面、不夠完善。為此，我要代表政府，向原住民族道歉。

台灣號稱「多元文化」的社會。但是，一直到今天，原住民族在健康、教育、經濟生活、政治參與等許多層面的指標，仍然跟非原住民存在著落差。同時，對原住民族的刻板印象、甚至是歧視，仍然沒有消失。政府做得不夠多，讓原住民族承受了一些其他族群沒有經歷過、感受過的痛苦和挫折。為此，我要代表政府，向原住民族道歉。

我們不夠努力，而且世世代代，都未能及早發現我們不夠努力，才會讓各位身上的苦，一直持續到今天。真的很抱歉。

今天的道歉，雖然遲到了很久，卻是一個開始。我不期望四百年來原住民族承受的苦難傷害，會只因為一篇文稿、一個道歉而弭平。但是，我由衷的期待，今天的道歉，是這個國家內部所有人邁向和解的開始。

請容我用一個原住民族的智慧，來說明今天的場合。在泰雅族的語言裡，「真相」，叫做Balay。而「和解」叫做Sbalay，也就是在Balay之前加一個S的音。真相與和解，其實是兩個相關的概念。換句話說，真正的和解，只有透過誠懇面對真相，才有可能達成。

在原住民族的文化裡，當有人得罪了部落裡的其他人，有意想要和解的時候，長老會把加害者和被害者，都聚在一起。聚在一起，不是直接道歉，而是每個人都坦誠的，講出自己的心路歷程。這個說出真相的過程結束之後，長老會要大家一起喝一杯，讓過去的，真的過去。這就是Sbalay。

我期待今天這個場合，就是一個政府和原住民族之間的Sbalay。我把過去的錯誤，過去的真相，竭盡所能、毫無保留的講出來。等一下，原住民族的朋友，也會說出想法。我不敢要求各位現在就原諒，但是，我誠懇的請大家保持希望，過去的錯誤絕不會重複，這個國家，有朝一日，可以真正走向和解。

今天只是一個開始，會不會和解的責任，不在原住民族及平埔族群身上，而在政府身上。我知道，光是口頭的道歉是不夠的，政府從現在開始，為原住民族所做的一切，將是這個國家是否真正能夠和解的關鍵。

我要在此正式宣布，總統府將設置「原住民族歷史正義與轉型正義委員會」。我會以國家元首的身分，親自擔任召集人，與各族代表共同追求歷史正義，也會對等地協商這個國家往後的政策方向。

我要強調，總統府的委員會，最高度重視的，是國家和原住民族的對等關係。各族代表的產生，包括平埔族群，都會以民族和部落的共識為基礎。這個機制，將會是一個原住民族集體決策的機制，可以把族人的心聲真正傳達出來。

另外，我也會要求行政院定期召開「原住民族基本法推動會」。委員會中所形成的政策共識，未來的政府，會在院的層級，來協調及處理相關事務。這些事務包括歷史記憶的追尋、原住民族自治的推動、經濟的公平發展、教育與文化的傳承、健康的保障，以及都市族人權益的維護等等。

對於現代法律與原住民族傳統文化，有些格格不入的地方，我們要建立具有文化敏感度的「原住民族法律服務中心」，透過制度化的設計，來緩和原住民族傳統慣習和現行國家法律規範之間，日益頻繁的衝突。

我會要求相關的部門，立刻著手整理，原住民族因為傳統習俗，在傳統領域內，基於非交易的需要，狩獵非保育類動物，而遭受起訴與判刑的案例。針對這些案例，我們來研議解決的方案。

我也會要求相關部門，針對核廢料儲存在蘭嶼的相關決策經過，提出真相調查報告。在核廢料尚未最終處置之前，給予雅美族人適當的補償。

同時，在尊重平埔族群的自我認同、承認身分的原則下，我們將會在九月三十日之前，檢討相關法規，讓平埔族身分得到應有的權利和地位。

今年的十一月一日，我們會開始劃設、公告原住民族傳統領域土地。部落公法人的制度，我們已經推動上路，未來，原住民族自治的理想，將會一步一步落實。我們會加快腳步，將原住民族最重視的《原住民族自治法》、《原住民族土地及海域法》、《原住民族語言發展法》等法案，送請立法院審議。

今天下午，我們就要召開全國原住民族行政會議。在會議中，政府會有更多政策的說明。以後每一年的八月一日，行政院都會向全國人民報告原住民族歷史正義及轉型正義的執行進度。落實《原住民族基本法》，達成原住民族的歷史正義，並建立原住民族的自治基礎，就是政府原住民族政策上的三大目標。

我要邀請在場的、在電視及網路轉播前的全體原住民族朋友們，一起來當見證人。我邀請大家來監督，而不是來背書。請族人朋友們用力鞭策、指導，讓政府實現承諾，真正改進過往的錯誤。

我感謝所有的原住民族朋友，是你們提醒了這個國家的所有的人，腳踏的土地，以及古老的傳統，有著無可取代的價值。這些價值，應該給予它尊嚴。未來，我們會透過政策的推動，讓下一代的族人、讓世世代代的族人，以及台灣這塊土地上所有族群，都不會再失語，不會再失去記憶，更不會再與自己的文化傳統疏離，不會繼續在自己的土地上流浪。

我請求整個社會一起努力，認識我們的歷史，認識我們的土地，也認識我們不同族群的文化。走向和解，走向共存和共榮，走向台灣新的未來。

我請求所有國人，藉著今天的機會，一起努力來打造一個正義的國家，一個真正多元而平等的國家。

謝謝大家。謝謝。

發表時間：二〇一六年八月一日

小英總統道歉的內容很長。我聽完，眼眶都紅了，那布也「感謝祖靈」。

一九九九年，仍為總統候選人的陳水扁在蘭嶼與各原住民族代表，提出當選後將和原住民族「以國與國的新夥伴關係」，提出原住民族政策，表示將承認台灣原住民族的自然主權，推動原住民族自治，與台灣原住民族締結土地條約，恢復原住民族部落及山川傳統名稱，恢復部落及民族傳統領域土地、恢復傳統自然資源之使用，原住民族國會議員回歸民族代表。

二〇〇一年，陳水扁總統上任之初也曾至延平鄉和布農文教基金會的白光勝牧師及內本鹿後裔，在一張「我們要回家」的白紙上以總統身分簽了名。簽名時，那布就在現場。

二〇〇五年一月，在陳水扁總統的政府推動下，立法院通過了以原住民族為主體的《原住民族基本法》（簡稱《原基法》），表示這個法已經是經過立法，受中華民國憲法保障的。這是重大的里程碑。但陳水扁改善原住民族處境的努力到此為止，他的承諾只「聽到樓梯響」。

事隔十一年，小英總統以「轉型正義」的高度，公開宣布將在《原住民族基本法》的基礎上處理原住民族的權益，我們興奮的覺得：「這次應該真

2016年8月1日，由台灣各地各族原住民組成的「原住民族轉型正義同盟」發動「為歷史正義而走」行動，走進部落並號召各族群一同前往凱道／蔡名修攝影

的會往前跨一步了。」

道歉文讓我們感動。但小英總統提到將在總統府成立「原住民族歷史正義與轉型正義委員會」，讓我們很不放心。

那布、馬躍等部落青年覺得，小英總統就任後，就成立「不當黨產處理委員會」，屬於行政院的任務編組機構，有經費、有法源、有調查權。但「原住民族歷史正義與轉型正義委員會」是設在總統府，委員會三個月開一次會，只領車馬費。我們擔心未來可能沒有法源，沒有經費，特別是沒有最重要的調查權，如何能有「真相」。所以，我們決定站出來呼籲一下。

小英總統發表「道歉文」兩天後，八月三日早上，我們和各部落族人，拉著布條一起在凱道開了一場記者會，表達「我們要真的轉型正義，不要假的。」

記者會結束後，中正一分局的局長來和現場的人打招呼，態度異常的客氣。我們猜想可能有大官要來了。果然有黑頭車隊緩緩停到路邊。大家以為是副總統，結果是小英總統本人出現。

小英總統一到，就邀我坐在她旁邊。坐下來後，她對在場的人說：「民進黨對於原住民，至少在我的心裡，是有一塊很軟的心在處理。」

談到我們最關切的傳統領域，小英總統說，好幾個政權從原住民族手上拿走土地，一代一代傳下去變國有地。

她說這件事要優先處理。「我希望把老人家顧慮的事情儘早完成。」現在就是把《原住民族基本法》可以做的，儘量去做。如果還不夠，她們再想下一步可以怎麼樣立法。她也提到，原住民族對傳統領域的理解是事實的陳述，也是自然主權的概念。從歷史正義的角度，傳統領域是先存在的事實，政府有責任帶領主流社會尊重與理解這個歷史事實。

小英總統也說：「我們把這個現在的社會的法治用在我們原住民族的權益上，如果和傳統的生活習慣有衝突的時候，我們絕對可以改！」

那布提到，希望總統府這邊能夠訂出比較明確的期程，包括是行政、立法、法律的。最後，我再次問她：「道歉文怎麼會那麼空啊？轉型正義開始了，你們就能立即處理不當黨產？」

我紅著眼眶問她：「那我們在哪裡？」

小英總統誠懇的看著我的眼睛，她指著自己的心：「你們在這裡啊。給我一點時間嘛。這兩個月很忙的。」

她也接著對我說：「好啦，你要來見我，就隨時來見我，不用在這裡等我路過。」最後，蔡總統摸了摸我的臉頰，離開現場。

那布後來遞了兩顆檳榔給未立即離開現場的總統府副祕書長姚人多：「這不只是善意，是一定程度的信任，是希望小英承擔起承諾的約定。」小英總統在總統府拿著其中一顆檳榔拍了一張照，託姚人多的幕僚轉給我們。

留在現場的我們都覺得，既然蔡總統做出了承諾——特別是土地議題，她承諾會在《原住民族基本法》的基礎上來進行——也要大家「給她時間」。我們決定回到台東，靜觀後面的發展。

這期間，台北醫學大學副教授林益仁在媒體發表〈總統就職大典的展演，本身就是一場轉型正義的角力〉。對於總統就職那天我在台上的演出，他質疑：「巴奈唱了曲調是日本歌謠〈黃昏的故鄉〉時，她的感受應該很多元、很複雜。以原住民的角度來詮釋這首所謂海外獨派的聖歌，肯定會有不一樣的意涵。真的，我們是在轉型之中，轉型的過程，非常需要新的反省與新的意義。」

這個近乎是「敲大鑼」的聲音，刺激了我複雜的思考。我向林益仁致謝，但我並不確定我要如何去「反省」這段話。

2016年，蔡英文總統經過凱達格蘭大道，下車步行來抗議現場，與在場的族人懇談，傾聽巴奈等人的意見／蔡名修攝影

我很單純。國民黨當政時對於原住民族的權益沒有重大的政策訴求，也從未和我們在街頭並肩作戰。相對的，民進黨從黨外時期就有比較關心原住民族的政策。小英總統競選，落選再競選期間，我一直非常支持她。我是一名歌手，她的團隊邀我去「唱歌」，我很自然的就接受了。林益仁的質疑，我需要時間慢慢沉澱和消化。

我們的沉默一直持續到隔年，二〇一七年的二月。

從內本鹿下山的途中，我和那布以及前原民台台長、常以原住民族歷史、文化紀錄片參加國際影展的馬躍．比吼，於下山的途中，在一個勉強可以收到訊號的紮營地，得知行政院「原住民族委員會」（簡稱「原民會」）在二月十四日以一紙行政命令公布了《原住民族傳統領域劃設辦法》。

總統府隨後也以新聞稿公布了這個消息。我們的心情都很凝重。

這個劃設辦法是行政院直接以一紙「行政命令」發布。當年，國民政府來台時，是以一紙「概不歸還」的「行政命令」，將日本強行掠奪的原住民族土地「收歸國有」。現在民進黨政府又是以一紙「行政命令」，將原住民族傳統領域「限定在公有地」。

我們的心都涼了。

《原住民族基本法》明訂：「原住民族土地：指原住民族傳統領域土地及既有原住民保留地」。根本從未限定在「公有地」。

《原住民族基本法》也明訂：「政府承認原住民族土地及自然資源權利」、「政府為辦理原住民族土地之調查及處理……應另以法律定之」。

原住民族傳統領域是有法律依據的。

另外，在《原基法》中原本也需要經過部落「諮商同意」後才能進行「大型開發案」的「私有地」完全被排除在外。

我們趕路下山，一路討論這些問題，心中都浮起疑惑：「小英總統的道歉文是不是假的？」

那布說得很直接：「啊，道歉文原來只是一篇很好的作文。」

他們兩人都認為一定要上凱道去表達抗議。我本來猶豫不決。馬躍先去說服那布，然後兩人再一起來說服我。

最後，我同意了。也許是林益仁的那段話隱隱刺了我一下。我選擇相信小英總統，所以我應該站出來，作為對總統的一個「提醒」。

走上凱道

這個世界是你所想像的嗎？
所有的改變你都能承受嗎？
你會不會常常覺得害怕？
你會不會也常想不出辦法？
你能不能好好的想一想？
你決定要輕易妥協了嗎？
是真的已經無路可走了嗎？
——巴奈〈你知道你自己是誰嗎？〉

小英總統向我們當面承諾會在《原住民族基本法》的基礎上處理原住民族最重要的土地議題，也就是我們最關切的「傳統領域」。

她完全違反了她的承諾。

她說：「有好幾個政權從原住民族手上把土地奪去，一代一代傳下去變國有地。」她承諾這個結一定要慢慢解開。

但「公有地」不就是「國有地」嗎？她是總統，這是「總統的承諾」啊。

那布過去二十三年每年要花近一個月的時間，上山回內本鹿的家。他和族人回到山上，在祖先及父輩居住過的空間裡，才開始了解作為「內本鹿人」的布農文化、傳統和歸屬感。他對「傳統領域」和部落傳統文化不可分割的臍帶關係，是有親身深刻的體驗。

他說：「傳統領域，是指原住民族過去的生活空間。它是一條虛線。我們沒有要求土地的『所有權』，我們要求的是傳統的生活空間。每一個族群，大家對於空間的使用方式是不同的。你怎麼可以直接就劃一條實線？然後說這是你的，這是他的？你們有來和我們，和長期關心的部落族人一起了解我們的故事，我們的看法嗎？」

我們還有一種一般人不能了解的著急。

當我對內本鹿布農族人的處境越深入了解，對部落接觸越多，我發現執政的政府最無法了解的是，當原住民族部落，特別是山上原住民族，一旦和自己的祖居土地（傳統領域）切斷後的悲慘生活。

當日本人和國民政府把布農族人和土地切割出來，以及限制他們狩獵所造成的衝擊和內在的創傷，那布稱之為「靈魂的重創」。

因為不能為家人提供食物、也沒足夠耕地可種等問題，青壯年的族人只能做收入不穩定的林班工人、礦工，或者跑遠洋漁船，或者在都市當建築工人。這類的工作機會在八〇年代和九〇年代還算多，雖然都是底層工人，但「至少仍像個布農男人，可以養活家人」。

九〇年代中後期，因為經濟的崩跌及移工的取代。這些未受其他專業訓練，只能靠體力賺錢的族人，在沒有任何工作機會的情況下，只能陸續返回逐漸沒落的部落。耆老逐漸凋零，越來越貧窮的生活，孩子無法受到更好的教育……

一個百年以來都以「戰士」、「勇士」、「慓悍」定義自己的布農族男性，當他們活在一個不再有機會展現自己，不再有任何報戰功的機會，連自己最擅長的狩獵和山林的耕種都被剝奪的環境下，最後連自己的家人都沒辦法照顧……

那布形容這種被壓抑的痛苦太巨大了，巨大到許多人只能逐漸把自己「淹」在便宜又隨手可得的米酒酒精中。

這些壯年族人最後不是病歿，就是車禍，甚至自殺。

貧窮，適應不良，太苦了！

一位布農族女性好友出生成長在南投信義鄉。她曾經向我們訴說，年輕時看到部落眾多男性族人及兄長輩，因貧窮、挫折、壓抑，以致於靠酒精度日，最後走向死亡。那些悲慘的場景，如今依然歷歷在目。

其實，這個劃設辦法出來後，好幾位原住民立委，如鄭天財（Sra Kacaw）、高潞．以用（Kawlo Iyun Pacidal），非原住民立委林淑芬、黃國昌、吳玉琴，都強烈要求行政院暫停，或修正這個辦法，送立法院審議。

一位媒體朋友分享《上報》的一篇報導，講起民進黨立委吳玉琴在與蔡總統會面時，向總統表示：「這是一份有瑕疵的辦法，應立即暫停及修改，否則會讓原住民朋友很失望。」

高潞．以用批評這個辦法「根本是在出賣原住民，恐嚇非原住民」。這些立委認為問題在於：

一、此劃設辦法和母法《原基法》相牴觸。若要根本解決原住民族土地問題，必須回歸《原基法》第二十條的規定，另訂《原住民族土地及海域法》等專法來處理。

二、根據《原基法》第二條，原住民族的土地指「傳統領域」及既有的原住民保留地。法條完全沒有限定「傳統領域」只能是「公有地」。

從小在被歧視的環境長大的我，懂事後就絕不讓自己再輕易「被歧視」、「被欺負」。若有人不守承諾或不尊重我，我一定會直挺挺的站出來，讓不公義的錯誤不再發生。

有個十七歲的高中女孩曾來到我面前，問我：「什麼是原住民族的轉型正義？」我問她：「妳有沒有被歧視、被欺負過的真實經驗和感覺？如果妳不能先回答我，我就沒辦法和妳討論。」

這位女孩說，因她的繼父是排灣族，而她自己是漢人，所以她就想選修

2017年2月23日，因不滿原民會以行政命令公告原住民族傳統領域限縮於公有地，巴奈與那布、馬躍前往凱道抗議（上）。警察驅離，將巴奈架走，開啟長期抗爭的開端（下）／蔡名修攝影

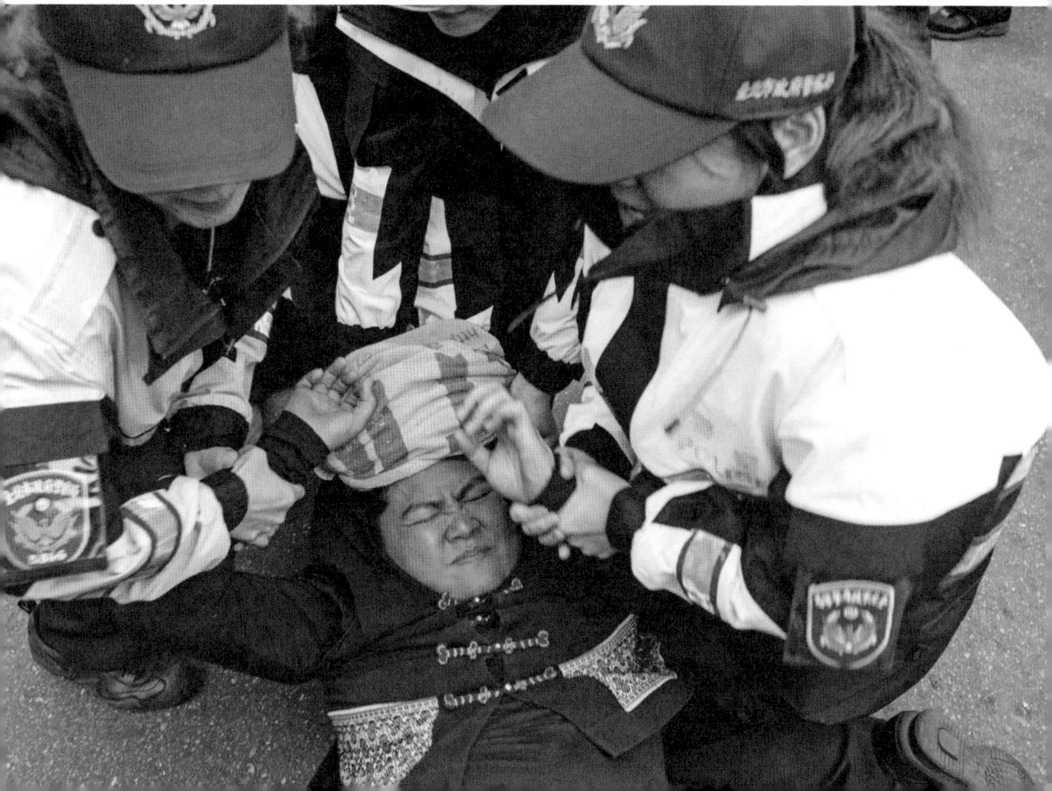

排灣語。學校說她要自費，如果有參加比賽得到前三名的話，學校才能幫她出老師的費用。她去比賽兩次，第一次第二名，第二次第一名。最讓她不舒服的是，學校還把她的名字和得獎名次寫在招生廣告裡，但是學校仍然沒有幫她出講師費。年輕女孩邊說邊哭。

我就告訴這個女孩：「妳要不要先為自己受到的『欺負』做出抵抗，請學校更正並道歉。如果沒用，再請家人或繼父去和學校討公道。學校不但沒有依照承諾幫妳付講師費，還未經同意把妳自己努力的成果寫入招生說明，是不對的。」

「轉型正義」就是說出真相，犯錯的一方要道歉，並承諾這些不正義的事不會再發生。

我寫過一首歌〈你知道你自己是誰嗎？〉就是描述我無法接受被歧視的心情：

你知道你自己是誰嗎？
你勇敢的面對自己了嗎？

你也想要一個答案嗎？
會不會沒有人能回答
這個世界是你所想像的嗎？
所有的改變你都能承受了嗎？
你會不會也常常覺得害怕
你會不會也常常想不出辦法
……
你能不能好好的想一想
你決定要輕易妥協了嗎？
是真的已經無路可走了嗎？
你無法讓自己的心平靜嗎？
你無法讓自己更有勇氣嗎？
為何總重複著矛盾與掙扎
模糊不清的黑白真假
……

馬躍、那布和我日夜不停討論。決定上凱道後，我們準備了一個禮拜。我先把一些一定要完成的通告做完，可以推掉的推掉。把衣服洗一洗。

二〇一七年二月二十三日，我們仍揹著回內本鹿的那個大背包，直接上凱道。

那布對許多朋友說：「巴奈的那種決心是，我真的要告訴妳（小英總統）一些事情。她希望自己在凱道上的抗議能成為對總統一個明顯的『提醒』。那時候巴奈的心志就是很強。」

是的，我要表達抗議的意志很堅定。

我曾經在台東知本聽過吳豪人教授的演講，他提到：「有尊嚴的存在是基本人權」。我從那天才開始慢慢認識「轉型正義」。

還有一次，有個朋友和我分享「正義」這件事。她說：「我們有沒有被正義的對待，不應該是由政府或專家告訴我們，更不是許多人常掛在口中的——再繼續努力幾年，就能得到『正義』。」

我們走上凱道。在為權益抗爭的路上，朋友們都覺得我就像堅不可摧的「戰士」。但連我自己也沒想到和那布、馬躍在二〇一七年的一個「一定要把抗議的聲音表達出來」的念頭，會讓我在凱道及二二八公園待了七年，而且還在繼續。

註

《原住民族基本法》於二〇〇五年訂定，二〇一八年六月二十日於立法院修正通過。和土地議題有關的條文有：

第二條第五項

原住民族土地：係指原住民族傳統領域土地及既有原住民保留地。

第二十條

1. 政府承認原住民族土地及自然資源權利。
2. 政府為辦理原住民族土地之調查及處理，應設置原住民族土地調查及處理委員會；其組織及相關事務，另以法律定之。
3. 原住民族或原住民所有、使用之土地、海域，其回復、取得、處分、計畫、管理及利用等事項，另以法律定之。

第二十一條

1. 政府或私人於原住民族土地或部落及其周邊一定範圍內之公有土地從事土地開發、資源利用、生態保育及學術研究，應諮商並取得原住民族或部落同意或參與，原住民得分享相關利益。
2. 政府或法令限制原住民族利用前項土地及自然資源時，應與原住民族、部落或原住民諮商，並取得其同意；受限制所生之損失，應由該主管機關寬列預算補償之。
3. 前二項營利所得，應提撥一定比例納入原住民族綜合發展基金，作為回饋或補償經費。
4. 前三項有關原住民族土地或部落及其周邊一定範圍內之公有土地之劃設、諮商及取得原住民族或部落之同意或參與方式、受限制所生損失之補償辦法，由中央原住民族主管機關另定之。

第二十二條

政府於原住民族地區劃設國家公園、國家級風景特定區、林業區、生態保育區、遊樂區及其他資源治理機關時，應徵得當地原住民族同意，並與原住民族建立共同管理機制；其辦法，由中央目的事業主管機關會同中央原住民族主管機關定之。

第四章 我們不是來鬧的

2017年4月21日，台灣百合在凱道／顏霖沼攝影

凱道一百天

小英總統曾看著我的眼睛對我說：

「你要來見我，就隨時來見我。不用在這裡等我路過。」

她讓我在路旁等，等了一百天。

二〇一七年二月二十三日。寒流。

早上七點，我和族人來到凱達格蘭大道，在台北賓館牆外，拉開「道歉半年大檢驗　傳統領域劃不見」的布條，舉行記者會，要求撤回違反《原住民族基本法》母法的行政命令，要求原住民族委員會主委夷將・拔路兒（Icyang Parod）道歉下台。

都蘭的歌手舒米恩（Suming Rupi）、東華大學原住民族學院的教授施正鋒、原民台主持人及歌手阿洛（Ado' Kaliting Pacidal）、暨南大學教授莎瓏（Salone Ishavut）、前地球公民基金會執行長蔡中岳、資深音樂工作者陸君萍、攝影家阿修、負責資料庫建立的簡正昇，音樂人李承宗還有許多原民朋友都專程趕到，參加記者會。

林飛帆也來了。「太陽花學運」過了差不多三年，他仍是一個社運人士。他對媒體說：「改革需要時間，但改革也需要誠意。如果執政者是擺出一副姿態，說我已經做非常多了，我有多辛苦大家都不知道……這其實是一個不負責任的改革。」

記者會結束，警察就來趕人。穿著族服的我一路被拉扯，最後被架走。

我們三人原本計畫來開記者會，表達意見而已。警察的態度如此強硬，我們乾脆就地靜坐，決定留下來長期抗爭。

從那天開始，每天都有一、二十個警察站崗。如有活動，警力大幅增加。他們幾乎每隔兩三天都在舉牌：「警告」兩個大字，下面寫「行為違法」。

我們在人行道先用雨布搭棚，晚上就睡睡袋。支持的人越來越多，戶外帳篷及生活物資陸續進來。不分原民和漢人，許多人參加夜宿抗議。凱道百日，最多時，共有二十多個帳篷。

台北的冬天陰冷潮濕。一位朋友買了一個加煤油的火爐來，大家看到火特別開心。部落的各種儀式中，總會有篝火，溫暖人心，也凝聚人心。「凱道」越來越像一個紮營在人行道上的部落。我們從一開始就用「原轉小教室」稱呼自己的行動組織，但朋友們都喜歡用「凱道部落」的暱稱。

馬躍、那布和我是這個「部落」的決策單位。馬躍是整個行動的大腦，不停的發想各種推動行動的可能性。那布不動如山，像土地公一樣安定人心，守護每個進進出出的人，也負責向年輕族人及訪客說明我們的行動。

我是「執行單位」，為一場接著一場的活動，不停的聯絡，協調眾多朋友，是那個最嚴厲、在時間壓力下常常會翻臉的「可怕阿姐」。

夥伴稱呼我們三人「巴那（拿）馬」。

「巴那馬」一開始就建立行動共識：夷將要道歉下台，一定要爭取到將這個違法的行政命令退回去，修正新的版本。

那布常提起他年輕時參加街頭運動，有些抗爭者在警察強力的鎮壓下會被激出暴力，丟石頭、推拒馬，出現失控的狀況。警方和媒體往往把抗爭者醜化為社會秩序的破壞者，議題完全被模糊了。

我們決定：絕對不用暴力，不要被人說我們用暴力衝撞。

我們的抗爭是來「呼籲」，來「提醒」。

我們要讓社會知道，我們不是來鬧的。

我們要以音樂、藝術和理性的論述，來展現我們的文化。

然後近兩點時，大家走向二二八公園，希望在紀念碑前，向曾經為公平正義犧牲的前輩致敬。

台灣原生種百合曾經漫山遍野，那是我們的祖先對大地的尊重。多年來

巴奈、那布、馬躍被夥伴們稱作「巴那（拿）馬」／蔡名修攝影

2017年2月28日，巴奈、那布、馬躍等人手拿百合花召開記者會，當天林飛帆（左三）也到場聲援／蔡名修攝影

原住民族的傳統領域，在沒有經過熟稔山林生態的部落耆老的諮商，就濫墾、開發，青綠的山頭變成禿地。

不幸在空難離世的《看見台灣》空拍攝影家齊柏林就說過，他最痛心的景象是太魯閣國家公園內被挖得禿頭的山。禿地長出水泥建築和躁亂的大飯店、遊樂園。山在崩塌，河流改道，純潔雪白的百合已變成罕見的花朵。

二二八那天，我們握著百合走向公園，宣示對土地的承諾，以及信守祖靈的訓誡：維護土地的完整。

然而，警察早已站到公園入口的欄柵邊，禁止我們走進所有人民都有權利進入的公園。我們只好戴起上面打叉、代表被噤聲的口罩，繞行二二八和平公園外圍，回到凱道營地，繼續抗爭。

我們不能這樣被噤聲。我們決定傾全力每天在凱道辦各種音樂、藝術、文化、部落的活動，和社會大眾展開對話，讓我們的訴求能被看見，被聽到。

三月五日，凱道第十一天，北中南還有東部的原民青年透過網路串連，要來支持我們這些長輩。我知道他們要來，但是看到一百多位年輕男女出現在凱道上，手牽手，圍圈圈載歌載舞，還是十分激動。許多路過的年輕人，也加入他們的行列，最後變成將近一千人的場面，歌聲震天，充滿活力，給每隔兩三天就要收罰單的我，帶來安慰和鼓勵。

我想他們會記住這一天。

我知道爭取傳統領域的路途會很漫長，如果我們的努力沒有得到滿意的結果，相信這些年輕人會站出來，繼續跟社會對話，直到我們得到應有的權益。

馬躍來到凱道沒幾天就提出一個想法：「我們來彩繪石頭，好不好？」我覺得這主意太瘋狂了：「這是台北，哪裡會有那麼多石頭，又要怎麼送過來？」

沒想到，真的有兩個年輕人從淡水騎機車過來，每次載兩個大石頭過來。不是一天，是每天。來自各地，部落，甚至海外的朋友也陸續將石頭帶至凱道，石頭上精美繪圖，或寫下他們的支持與祝福。有些人甚至用郵件寄送，封面只寫「台北市凱達格蘭大道」，郵差還是把它送到我們手裡。

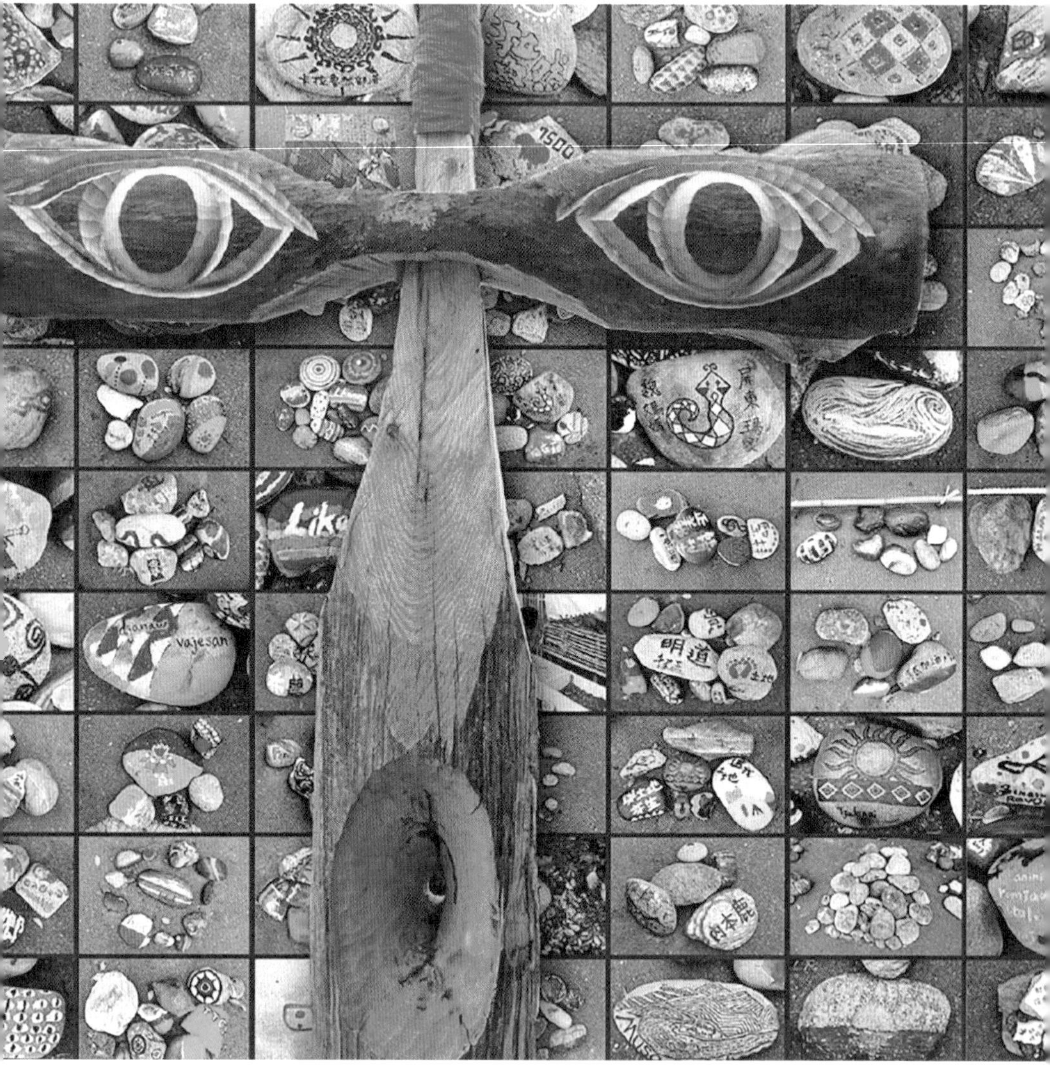
vajesan
明道

在凱道上以石頭呈現的裝置藝術。這是將警方驅離後搶救回來的藝術品、帳篷、展示板和相片紀錄，經移至寶藏巖，策辦了「被消失的風景」凱道部落文件展。此為當時製作的文宣酷卡／黃子明設計過去，許多部落往往以石頭作為結盟、界線或和解的象徵。凱道上的彩繪石頭越來越多，逐漸蔓延成一條繽紛的花園，在初春的氣溫中帶來愉悅的感覺。那是夥伴們溫暖的支持，我鼓勵自己，要像那些石頭一樣的堅強。

曾經擔任《明報周刊》副總編輯的南美瑜是多年的好友。凱道第七天起，她就開始執行各項藝術活動。她說：「原本路人經過這裡都會有點怯怯的，不知道這些人在做什麼。人行道上的彩繪石頭移除了大家的心理障礙，吸引他們停下腳步，細讀石頭上的訊息。石頭常被用來當作攻擊的武器，凱道的石頭反而像磁鐵，凝聚了大家的投入。」

我們不厭其煩的告訴來訪的民眾，原民的傳統領域包括居住地、祖靈聖地、祭典土地，耕種、狩獵、遊牧、採集、捕魚的土地，河川與海域，舊部落土地，以及現在部落的土地。這些地方是原住民族信仰、歷史、文化、傳統的重要地點。

我們的祖先沒有文字，他們用歌謠和地理環境來記錄這些地點。

那布不斷的強調，我們不是爭取土地所有權。我認為人本來就無法擁有土地，對我來說土地是文化的載體，而轉型正義大工程最終的目標是要讓我們的文化在土地上可以延續，一定要有足夠的土地空間讓我們可以狩獵，可以採集，可以跟祖靈講話。

土地所有權的爭奪往往是政府、財團為了開發，把土地商品化來炒作。這完全不屬於原住民族文化對土地的想像。此刻原住民族面臨著文化斷裂，如果我們是重視多元文化發展，觀念進步的民主國家，就必須要有搶救的手段。

我們的國家不重視原住民族文化。中華民國來台七十多年，除了幾所原住民族實驗學校，原住民族文化在國家發展的過程中，被洗得很蒼白，已經快枯竭了。

我們盼望的是我們部落的族人，可以在足夠的空間裡面實踐、傳承、學習傳統的生活文化，如耕種、狩獵、採集、捕魚、蓋家屋，進行傳統儀式，可以用自己的信仰、宇宙觀、哲思來面對生命，面對族群，面對國家。

守護這個島嶼，把它健康的傳給後代是所有人的責任——不分漢族或原民，沒有人是局外人。

過去幾十年來，在種種法規的限制下，進入祖先活動的領域，往往變成違法的行為。原住民進山林打獵，違法。搭竹筏出海捕魚，違法。部落學校用石板蓋出校舍，也違反建築法規。原住民永遠在違法。

我跟所有族人一樣，都有漢名。我叫柯美黛，這是沒有選擇的。進了原舞者之後，我才有了原住民的名字，有了族名巴奈之後，才開始我的尋根之旅，漸漸開始有能力釐清受困在我心裡的疑問，開始明白自己不是中國人，雖然我拿著中華民國的身分證，我仍舊長得不一樣，文化不一樣，價值觀不一樣，我是南島民族的孩子。

跟那布在一起後，我的人生終於有了方向：在回家的行動中，學習原住民應該要有的思維。

這不是現實利益的爭奪，而是尋根的渴望。

一般人不十分明白，這對難以數計的「柯美黛們」是多麼重大的事。唯有透過在傳統領域的行動，我們才能領會我們是誰。我們才能「回家」。

重返內本鹿的經驗，讓我明白傳統領域的界定要聚合眾人的力量。聽耆老的敍述，耆老帶領實地勘查，經過專家和文獻的印證，才能構建領域的地圖。各族部落的界線建立在山川植物等自然標的，不像縣市分界以實線劃分，傳統領域的劃分是虛線，還要區分出公有地和私有地。我們知道，這些，需要時間，需要詳盡的討論才能落實。

我們的痛苦是政府不給原住民族深入對話的機會。

小英總統承諾，要以轉型正義的高度，以《原基法》的精神，在總統府成立「原住民族歷史正義與轉型正義委員會」來規畫這項工作。籌備近八個月，二〇一七年三月二十日「原轉會」終於舉辦了第一次委員會議。

總統在會議中致詞：「原轉會的目標，就是要釐清歷史真相，促進社會溝通，然後提出適當的政策建議，讓台灣社會走向和解。」

和解？

原轉會還未運作，原民會就迫不及待的以《原住民族土地或部落範圍土地劃設辦法》的行政命令劃出傳統領域，而且原本一百八十萬公頃的傳統領域，突然減少一百萬公頃私有地。這項決定把我們逼到凱道。

馬躍在原轉會開會前兩天，公布了立法院原民立法委員對《劃設辦法》的立場，只有高金素梅（Ciwas Ali）與谷辣斯．尤達卡（Kolas Yotaka）兩名立委支持。

馬躍說，過去不劃設傳統領域都還好，現在這一劃，一百萬公頃的土地，原住民族沒有討論空間，開發案都不需要原住民族的諮商同意。這個辦法非常恐怖，希望所有的立法委員都能正視這個議題。

原轉會十七位委員中，有四位委員希望《劃設辦法》暫緩施行，九位委員支持分階段劃設，《劃設辦法》先上路再持續討論私有土地劃設方式。四位委員沒有明確表示意見。

那布說：「原轉會原地打轉。」

有些人說，你們的訴求，政府已經面對，原轉會的會不是開了嗎？

他們不曉得原轉會沒有調查權，每三個月開一次會，下次會議要等到六月。

我不明白政治的運作，但是，擺明的，行政院原民會應該負起《劃設辦法》匆促上路的責任。

原民會主委、玉里出身的阿美族人夷將．拔路兒，曾經擔任原權會會長，參加原住民族「還我土地」運動，爭取原住民族從「山胞」正名，回復原民傳統姓名等運動，也曾推動把原住民族權利寫入《中華民國憲法增修條文》，又成立行政院原住民族委員會的重大工作。

我們不明白夷將．拔路兒為何背叛了年輕時的理想，更背叛了自己的族群。我們要求他道歉，下台。

但是我們在凱道上這樣呼籲在喧囂的社會是微弱的，還有人以為我們早已回家了。我們必須繼續呼喊，必須讓人聽到我們的聲音。我是個唱歌的人，我要大聲唱。

凱道第四十七天，我發表了第一張EP《凱道上的稻穗》。面對大地，面對我們的使命，我要把凱道上的眼淚化成低頭的稻穗，飽滿而謙虛。

好幾個晚上，在帳篷裡，過了午夜，沒有車聲的時候，我才開始在帳篷裡錄音。我唱了胡德夫前輩的〈太平洋的風〉，我自己早期的作品〈更好的理由〉。新歌〈原來的樣子〉翻自屏東魯凱族啦法告（Lavakaw）的曲調，歌詞是我和凱道上的朋友一起創作的：

曾經美麗　曾經光榮　曾經屬於天地應允的我們啊

不再美麗　不再光榮　踩在土地上想要勇敢的我們啊

在這裡經過的我們啊
不再孤單　唱出原來的我們
靜靜聆聽　大地的聲音
牽我的手　大聲唱出和平和希望……

在上海做造型的好友Baby特別趕回來，為我做了一件斜肩的紫色禮服，腰後還留了一圈紫色的紗裙，讓我在凱道上開專輯記者會時穿。拍封面照時，我雙手往上劃弧，就像一朵蝴蝶。唱了二十多年的歌，我從未如此時尚華麗。

以莉．高露（Iiid Kaolo）和布拉瑞揚（Bulareyaung Pagarlava）各自帶了一束稻穗和百合來為我打氣。夥伴們在凱道種出一片百合。「滅火器」的楊大正也和我們一起站在台上。

我們用這樣的方式來吸引社會的注目。媒體的反應相當熱烈。專輯的發表也讓我有機會透過宣傳去表達我們的訴求。

一位被我們叫作「蘋果」的好朋友及內本鹿夥伴，有次傳來簡訊：「我

上圖：2017年3月19日，胡德夫老師（左）到場聲援，也夜宿凱道／蔡名修攝影
下圖：《凱道上的稻穗》EP發表記者會，以莉．高露（左二）、楊大正（右二）、布拉瑞揚（右一）前來聲援／蔡名修攝影

回家
NO
NUKES
TIBET

剛剛想通一件事——我一直覺得這個『原住民族傳統領域』標題，很容易被標籤成原住民族議題，可是每個人都生長在島嶼的土地上，也許是因為越文明就容易被異化成跟土地越來越遠。」

我們就拿「沒有人是局外人」作口號，請廠商製作毛巾，鮮黃的底色突出大紅色的字。這個毛巾的收入支持了我們大部分的行動。許多場合中，大家都會舉起這條毛巾。

張震嶽（Ayal Komod）在金曲獎頒獎典禮上的開場表演高舉這條毛巾。楊雅喆導演以《血觀音》獲得金馬獎最佳劇情片大獎，發表得獎感言後，也高舉這個布條。

守護土地是每個人的責任。「沒有人是局外人」是我們在抗爭時刻燒起的「狼煙」。

但是音樂人巴賴（Balai）和蕭賀碩在總統府參觀日應邀去表演。他們將兩條毛巾掛在樂器前，結果被總統府工作人員制止。

巴賴當場抗議：「我們是表演者啊！這裡沒有言論自由嗎？」他們兩人之後被阻止加入參觀總統府的隊伍。

過去多年，花東、屏東的藝術家，大家就為像「反核廢料」，特別是「反美麗灣」這類環境議題，進行了長時間的抗議行動。如今，這群有革命情感的朋友陸續來到凱道進行藝術創作。

在藝術家饒愛琴的號召下，港口部落的策展人那高・卜沌（Nakaw Putun）、長住都蘭的飛魚（Flying fish，夏曼・瑪德諾・米斯卡），都來到凱道上自行創作。知本的木雕藝術家伊命（Iming）自己帶著許多工具，豎立了一座名為「你在看我嗎？我也在看你」的大型木雕。見維・巴里（Chien Wei Bali）送來他的漂流木作品「迴流系列」。他用六隻手、畫上六個顏色：「黑是謙卑、紅是血脈、黃是陽光、綠是領域、白是天空、藍是大海。」我和那布都看呆了。這些作品守護我們的文化，守護著我們，為我們的行動說話。

天氣暖了，大家都汗流浹背。帳篷也許遮陽，空氣卻很悶。我們跑到公園和捷運站的洗手間洗把臉，等到晚上十二點後或清晨五、六點，確定無人時，再去沖涼。

天氣熱，警察也很辛苦，他們不斷來巡視，來告誡。到了第七十二天，

2017年5月2日，凱道第一次清場／鄭舜仁攝影

終於動手粗魯的拆除幾乎所有的藝術品，夥伴們把剩下的幾件作品，即使滿滿裂痕也當成寶，藝術家同時也持續創作。

三天後，他們又來，用大聲公喊叫，用手推人，要我們離開凱道。五月五日就有警察來清場，到了五月九日，一些警察和幾位女警又來趕我們。

四個女警用力拉我，我極力反抗，因為我力氣很大，她們就把我在地上拖行，拉扯中，我的衣服幾乎都被翻掉。那布看到我被粗暴的拉扯，但他自己因為膝關節痛無法行走，只能坐在輪椅上悲傷無奈的看著我。

有位警察還在旁一直說：「我們是為了保護她們的安全，是為了她的安全。」最後四個女警和兩個男警把我扛起來，把我放在十多公尺外的地上。

我躺在地上，心裡非常憤怒：他們有把我當人嗎？

一個女警說：「我們一來勸阻，你們就衝撞警察。你們原住民就是這樣！」

站在一旁為我們自己「錄影存證」的好友狄布絲（Tipus Chen）憤怒的對她們吼道：「你們說什麼？你們要向全國原住民道歉！」

狄布絲吼了又吼，女警才低聲說：「好，我向全國原住民道歉。」

即使警察架上了拒馬，兩天後，策展人那高、以莉．高露、狄布絲三人仍然策畫了「Palafang——來去凱道找朋友」。陸君萍負責策畫執行「音樂人接力直播聲援」。參與Palafang演出的有ＴＡＩ身體劇場、啦法告、巴賴、李承宗、舒米恩、毛恩足（Danubak）、阿努．卡力亭．沙力朋安（Anu Kaliting Sodipongan），以及鴻秋接力演出。

聽到美好的歌聲，我常感動得哭了。平常大家看我「凶巴巴」，其實我是動不動就會掉眼淚的人。常常靠著那布放聲大哭。

馬世芳訪問我，談我的新專輯。見到老朋友，淚水就不聽話的流下來。整個訪問，我說話和唱歌都在哭泣。

我們在凱道的帳篷已經住了七十幾天，被警察大聲罵，被架著、拖著走。那布膝關節痛靠著吃止痛藥度過，這些他都不怕，我們只怕我們的期待、夢想無法完成，原住民族的苦難要一代一代煎熬下去。

從電台回到凱道，我對坐輪椅的那布說著說著，我哭得更大聲了。

二〇一七年五月七日，音樂接力演出吸引了更多人來凱道和我們交談。五月十五日，我們舉辦了「凱道小講堂」。

第一次的講堂還不十分正式，除了各地趕來的夥伴，監督我們的警察倒成為主要聽眾。凱道小講堂一直要到我們移至捷運台大醫院站一號出口才發展成週一到週五的定期活動，每晚邀請不同領域的專家分享關於原住民土地的知識、願景與困境，告訴大家「沒有人是局外人」。

第一天就加入「巴那馬」陣營的長期夥伴陸君萍，跟大家分享陳建仁的一則臉書：「今天，我很榮幸出席『貧窮人的台北』植樹儀式暨立碑願景說明。知道許多人昨晚在大安森林公園進行露宿活動，體驗貧窮人的生活，並在今天上午開始遊行，你們真了不起，台灣有你們這樣關心窮人，實在是台灣的福氣。」

每天早上九點至九點半之間，副總統陳建仁的黑頭車及護衛車都會雄偉的經過凱道，但車隊從未停下，好像從未看見總統府前路旁露宿的「凱道部落」。

我們也從未見到小英的車隊。會不會繞道而行了？

凱道的十線大道，白天車流密集，看起來緊張急躁。夜晚的路旁卻是歌聲、笑聲，一片祥和歡喜。即使凱道小講堂演講人或歌者被推到拒馬內，活動也未停止。拒馬外，總是圍滿大批支持者、大學生、市民和族人。他們鼓掌，應和，歡笑。

每次小活動或討論結束後，我總是帶著大家唱古老的歌。我希望大家學會後，可以常常自己唱，給自己力量。

我們不能放棄。

五月二十六日凌晨一點零五分，日月潭邵族的兩艘獨木舟坐著卡車被吊臂懸掛，被工作人員小心翼翼的降落在凱道。

選在半夜，是為了避開警察的阻擋。凱道的朋友們沒有人入睡。現場很安靜，大家的臉上有遮不住的興奮：邵族的獨木舟要來了！

邵族的族人朋友願意借出獨木舟，也希望能在凱道展出邵族如何代代土地流失的歷史文件。

邵族的祖先住在今天魚池鄉的水沙連，群湖盆地，土地肥沃平坦，適於漁獵，也學漢人耕種水稻，生活富裕，成為邵族、布農、泰雅、賽德克以及平埔各族和漢人聚會買賣的地方。

一九一九年，日本政府興建日月潭水庫發電工程，淹沒了邵族家園。水位上升，湖面變大，土地減少，稻田消失，族人被強制遷移，集中到今天伊達邵部落的地方居住。

國民政府來台後，一九五六年，蔣介石據涵碧樓為行館，部落祭祖地被迫遷移。幾十年來，在發展觀光熱潮中，湖畔冒出上百個旅館與飯店，邵族居地被排擠減縮得更小，由於山林樹木限砍，獨木舟的工藝與魚撈文化沒落。

日月潭觀光汽艇飛馳。九二一地震後，政府將族人集中遷往沒水沒電的組合屋區。這個依靠獨木舟作為漁獵與交通工具的民族，又一次被迫遷移，流離。

一九六八年，開發商在日月潭東北側經營十公頃的孔雀園。二〇一六年封園後，南投縣府公告「日月潭孔雀園土地觀光遊憩重大設施ＢＯＴ案」，邵族事前未被告知，部落緊急會議，全體投反對票，但縣府全無反應。

這明明是違法。《原住民族基本法》第二十一條明明寫著：

政府或私人於原住民族土地或部落及其周邊一定範圍內之公有土地從事土地開發、資源利用、生態保育及學術研究，應諮商並取得原住民族或部落同意或參與，原住民得分享相關利益……

二〇一七年二月，《傳統領域劃設辦法》公布施行，族人依循《原住民族基本法》二十一條的規定，要求縣府是否可以將「孔雀園土地委外建設旅館」的議題詢求邵族諮商同意。縣府置之不理。人口僅剩兩百人的邵族族人又一次面對開發案對生活帶來的影響，需要經常性的集結、會議、抗爭。

失去大湖泊的邵族獨木舟，來到凱道，停泊在水泥地上。泛黃空洞的船艙，在凱道上繁盛多彩的藝術品中，顯得突兀而巨大，像兩個嘶吼的大口，散發著令人敬畏的力量。

獨木舟到臨三天後就是端午節。我們很早就策畫了詩人節的活動，邀集朋友為我們寫詩，也跟台北市政府申請了路權，由南美瑜、陸君萍和狄布絲執行「凱道船來一首詩」的歌唱唸詩活動。蔣勳、翁嘉銘、吳明益、楊澤、何一梵、陳芳明、讀禧固（Tosiko）等，以詩為我們打氣。

鴻鴻輓悼原住民喪失的傳統領域，鼓舞我們重新鋪〈一條回家的路〉：

以前當天上掉下小米的時候
我們會唱歌
當天上掉下飛魚的時候
我們會跳舞
當天上掉下山豬的時候
我們會感謝祖先
可是現在
天上掉下一座度假村
一座遊樂場
一隻隻仰天長嘯的怪手

2017年6月2日，邵族獨木舟在凱道／黃子明攝影

邵族祭司、耆老與年輕族人舉行「邵族獨木舟前進凱道」記者會／簡正昇攝影

我們該哭，還是該笑？
該感恩，還是該祈禱？
釘子落在我們的土地上
是要怎麼走路？
火燄落在我們的森林裡
是要怎麼飛翔？
……
回家的路消失在地圖上
也消失在夢裡
我們只好就地坐下
把馬路當作枕頭
把來自太平洋的風
當作希望
用歌聲
重新鋪一條回家的路

陸君萍在邵族獨木舟前朗誦：

楚國的龍舟從不曾行在台灣的河流……

現在我們的孩子要在祖先生活的河流上

祖先生活的湖泊上航行

也許是獨木舟代表的控訴太鮮明，也許是我們活動太豐富，前來凱道支持的人潮川流不息，越來越多。

凱道紮營的日子裡，原民會副主委鍾興華（Calivat Gadu），總統府副祕書長姚人多辦公室的人員三度來到凱道，說要和我們三人溝通。

剛開始，那布還耐心和他們講：「轉型正義是一個國家、國民共同謙卑的來看待歷史上曾對待我們的方式。你們就沒有做對事啊。重點是態度。我們都知道這件事很難做。但是因為蔡總統沒做更多努力，這麼快就放棄。這我們一定要督促。雖然我們可能只是他們眼中的一小粒砂，但我們也要用力的告訴你，不對不對啊。」

那布一直誠懇的想和他們說道理。但是後來有兩次，原民會的人就直接闖進來，帶著媒體，直接在我們面前說要和我們談，然後讓記者拍。馬躍把他們趕出去，因為沒有事先協調，直接帶媒體來。那布也不願再和他們談話：「他們只要拍到我們拒絕，就告訴社會大眾，是我們不願意溝通。」

最有耐心的那布生氣了，我一直勸他：「你不要這麼認真生氣，我怕你高血壓。」其實，他生氣有理。在鏡頭下，和一些新聞中，我們三人常被塑造成激進份子，官方也釋出「他們是來鬧的」的訊息。

這些官員不是來談我們的訴求，他們主要是來做解釋，勸我們撤離。凱道抗爭第一百天，五百名警察拆除了我們的紮營地和裝置藝術，執行徹底的驅離。

六月一日早上，專程來到凱道的邵族賢美（Isuzu Lhkahihian）祭司、至寶（Apin）祭司、久美阿嬤（Qabus Lhkapamumu）、育秀阿嬤（Shani）、青年丹志文（Megan Tanakyuwan）、陳忠駿（Malihan）在獨木舟前，向祖靈祭告，然後在警察環伺下，舉行了抗議邵族土地流失的記者會。

我們早已習慣了警察的陪伴。從我們一到凱道那天，就有好幾個警察二十四小時輪班看守我們。他們平常會來做做口頭警告，開罰單或在周邊戒備。但是，六月二號，凱道抗爭的第一百天，警察倍增，黃色的大卡車、怪手、搬運車，還有警察局的中型巴士陸續集結。

六月二日，當天早上花蓮瑞穗瑞祥部落的阿美族族人林高捷（Mosi Oroh），以及「地球公民基金會」代表小男開了一場抗議浮濫開發的記者會。我們也再次呼籲政府要「退還傳統領域劃設辦法」、「原民會主委夷將下台」。

記者會結束，十一點左右，一旁完成集結的五百名警察隊伍就大步走向我們。我永遠不會忘記那一刻。天色陰沉，大雨滂沱，穿著有反光條的雨衣的警察像一大群螢火蟲鋪天蓋地而來。

他們蠻橫的把凱道上的藝術品和彩繪石頭丟到垃圾車上。夥伴們有人搶救帳篷，有人搶救藝術品和石頭、有人爬上垃圾車，跟警察搶藝術品。我最擔心的是那兩艘獨木舟，那是邵族的寶，不能有任何毀損。我眼睜睜看著它們被當成無人之物被扛上垃圾車，粗暴的行動把我的心割成碎片。

大雨一直灌下來，我們每個人都濕透了，身體冷到發抖。重機械吊臂懸吊的物品不斷在遠處飛過。淚水和雨水糊了我的臉，我想祖先們過往在面對國家機器壓迫時何止是憤怒、無力，那一刻我們所承受的，恐怕只有千萬分之一。清清楚楚的體會到這個跟祖先的連結，殖民和統治從來沒有停止過。

現在的政府不准警察打人，卻不阻止他們碰我們的身體。他們湧上來，大聲罵我，用力架住我，我一掙扎就跟我拉扯，我的衣服被扯開，整個人像貨物一樣被搬到離夥伴最遠的地方。

警察拿著盾牌將我團團圍住。我看不見那布在哪裡，也看不見其他的夥伴。遠遠聽見嘩嘩雨聲和混雜的人聲中，馬躍在唱歌，沒有間斷的唱著，在場的朋友們也跟著他哼唱。後來我才知道，他全程拿著手機直播，不讓任何警察碰他。

很快的，所有的物品全部被清除一空。他們還用消毒水清潔現場。大雨中，空蕩蕩的凱道好像什麼事都沒發生過。

我癱在一張塑膠矮椅上，連傷心的力氣都沒有。我心想，你們要再來，就直接把我和椅子一起扛走吧。夥伴們都留在人行道上，穿著黃色透明雨衣，累了，就靠著牆或直接躺在地上，沒有人離去。

隔天，清晨五點，又來了幾十名警察。前一天是「大清除」，這次是更強力的「大驅離」。

他們不許我們停留在人行道上，要求我們搭捷運離開，押著我們往台大醫院捷運站走。到了捷運站一號出口，這些警察就毫無預警的收隊了，我想可能因為捷運是由捷運駐警負責的。

政府很大，我很小。我不明白，政府明明做錯了，為什麼不去修正這個錯誤的《傳統領域劃設辦法》，根據《原基法》，慢慢討論再定案，反而花這麼多人民的納稅錢來對付表達主張的人民，把時間浪費在妖魔化我們的行動，把我們當暴民一樣處理。

小英總統曾看著我的眼睛對我說：「你要來見我，就隨時來見我。不用在這裡等我路過。」

她讓我在路旁等，等了一百天，只等來這樣的結果。

我有我的尊嚴，我希望小英總統把事情做對。

我不能這樣回家。我要留下來，督促她。

2017年6月2日，藝術品、紮營用具被強行拆除，抗爭夥伴為保護作品，險象環生／黃子明攝影

2017年6月2日，被警方包圍的馬躍持續拿著手機，一邊直播一邊堅定的大聲唱著古老的歌／黃子明攝影

在二二八公園流浪

市長柯文哲來二二八公園參加紀念活動，
順便視察了一下我們的帳篷。
他搔搔頭，對我們說：「能不能把帳篷弄漂亮一點？」

二〇一七年六月三日，抗爭第一百零一天。

我們在清晨五點，被「大驅離」，逼離凱道，大家只能隨手帶著可以攜帶的家當，四處找下一個紮營地。

我和那布往總統府方向走，馬躍帶一群人往台大醫院那邊走，大家在捷運台大醫院站一號出口會合。

捷運手扶梯出口的空間相當寬敞，又可遮陽避雨。我心想：「這裡，就是這裡。」

被驅離凱道的訊息立即傳開，登山補給站的朋友、內本鹿的隊員們以及台北附近的朋友、學生、部落族人、支持者全都再次出現，再次動員，送來帳篷、睡袋，生活必需品。

「巴那馬」移到捷運一號出口處，我們在牆邊一個很窄的小高台，放了兩頂很小的透明蚊帳，為第二階段的抗爭就位。大家也改以「捷運一號出口」稱呼新據點。

後來美瑜跟我說，以裝置藝術出名的安聖惠（Eleng Luluan）從台東趕來台北，清晨從捷運站手扶梯上來，第一眼就看到平台上那兩頂透明的小蚊帳裡，睡著三個累垮的人，當場大哭。

她哭著說：「我的朋友怎麼會過著這種『衣不蔽體』的生活？」

兩天後，屏東和台東的排灣族青年就包了遊覽車，到捷運站來慰問我們。東華大學的師生帶著檳榔樹幹和建材也搭遊覽車來訪，在一號出口花壇上，搭起了象徵守護我們行動的瞭望台。都歷部落旅北青年帶著部落的樂舞來教我們。

屏東神山部落的青年，把收穫祭的祭前訓練移師到我們的抗爭基地做勞動體能訓練。花蓮有個小學是邦查部落（Pancah）的孩子，將畢業旅行改到二二八公園。我們為孩子們導覽，把抗爭的原由與過程在小小心靈埋下理解歷史的小小種子。我一次一次透過樂舞，讓來訪的孩子輕鬆一點。

「巴那馬」持續先前的分工。大大小小的行程，人員接待的安排，前置作業的繁雜溝通常常落在馬躍的身上，加上常態性凱道小講堂的講師邀約，無數必要的協調，馬躍每天都像在打仗。

我從二十幾歲就清楚看見自己的特質：一旦被不公義的暴力或歧視激怒，就會變得很情緒化。我會一直哭，一直哭，哭到說不出話來，哭到崩潰，因此馬躍繼續負責和警察溝通。只要看到警察，我就會儘量退到第二線。

圍著我們的警察素質參差不齊。大半的人只是聽命行事，對我們的態度都算友善。可是也有不少的人擺明了對我們是「很嫌惡」的，罵起我們真的像罵犯人一樣。

有位警察說：「加分、補助、喔、喔……享受太多的優惠，原住民占了便宜還不知感恩！」

我們也要求現場的人一定不能直接去和警察接觸或回應，有什麼事都讓馬躍去談。我們要繼續抗爭，一定不能生氣，否則就「中計了」，變成有心人的打手。

捷運局的工作人員友善多了，對我們就像接待一般乘客一樣，完全沒有差別待遇。

我們決定留在一號出口平台，繼續常態活動聯繫。搬了營地，我們大大小小的會議並沒有停下來，馬躍的頭腦裡同時有很多想法轉動。凱道小講堂就在他的籌畫下繼續開課，深入討論原住民族轉型正義的問題。

我們把朋友持續送來的帳篷移到公園的草地上。花東藝術家再次到來，也在公園內的草地上紮營，和我們一起在公園生活。

我跟夥伴努力籌得十五萬元保證金，輪流每週跑公園處申請展覽場地的使用，讓藝術家創作作品。籌備會議常有二十人參加，若有人提起很棒的創意，大家就會熱烈鼓掌，然後努力去執行。展覽期間藝術家輪流煮飯給大家吃。我們每天共食，共同決議展覽的所有事務。跟當年大家一起「反美麗灣」的形式差不多。

饒愛琴在例行的籌備會議之後將凱道上的自由創作做成一個露天展覽，名為「還原—土地之歌」。都蘭的逗小花也參與創作。愛琴一來就綁著頭巾專注的以紅線為材料，延伸成一片的「劃線．註記」的個人創作。

安聖惠一直在公園裡，在我們三人的兩頂帳篷旁，來回踱步，口中唸唸有辭：「這裡太熱了……屋頂，還是什麼？」最後以她最擅長的竹子為骨架，再用大批的巧拼板拼接出一個扎實的外帳。我們的帳篷第一次有了可以不被陽光直曬，可以避小風雨的外殼。而且是件藝術裝置。

美瑜和那高分工帶著年輕人去垃圾場，找到了警察驅離時用大黑袋裝的彩繪石頭，送到寶藏巖，由凱道工程組長馬金雄（Talus）帶領凱道青年完成施工，舉辦「被消失的風景——凱道部落文件展」。展覽結束後，得到公園處的批准，年輕的友人琳群再以「U-Stone海嘯回家」的活動，和夥伴把石頭從寶藏巖搬到一號出口旁，加入「還原－土地之歌」，繼續展出。

致力於復育台灣百合原生種的駱明永老師，數度帶來一百多株百合小花苗，裝在磚紅色的培養盆裡。台灣百合是台灣原生百合的特有品種，從海邊到三千多公尺的高山都有。

小苗逐漸茁壯，長出了美麗的百合花。每盆百合上都有支小旗子，大家各自寫下代表自己希望的幾個字。

沒有人嗆聲、聒躁。藝術作品釋放了和平、療癒的巨大能量。經過的路人佇足觀賞，也有不少人專程來看這奇特美麗的展覽。

隔年，這些為「凱道」而創作或展出的藝術品，應吳瑪悧教授邀請，以「凱道運動場」的主題，參加了二〇一八年的北美館雙年展。一月十七日開展時，入口的走道上，天花板上都是倒掛的蚊帳和小帳篷。還有一張我斜癱過的塑膠椅，用紅色的布條一團團捆綁起來。

2017年6月21日，舉辦「沒有人是局外人」音樂會，馬躍帶領凱道部落青年演出／蔡名修攝影

馬躍籌畫了一百七十場「凱道小講堂」／施銘成攝影

第一百一十九天，我們借了二二八紀念館廣場，辦了「搶救我們的山海與縱谷——沒有人是局外人」演唱會。由馬躍帶領，黃玠、身聲演繹社、Message樂團團員Gilragilraw Lataku、李承宗、David Chen、阿明、巴于鳴（Vavauni），還有凱道青年輪番演出，加上大合唱，觀眾歡呼連連。還有一場連續兩天的「海嘯面對轉型正義音樂會」，有以莉．高露、黃瑋傑、欽聖、達卡鬧（Dakanow）、毛恩足、常磊、詹森淮、阿洛、王榆鈞、戴曉君（Sauljaljui），加上我和那布。

我們也申請了凱道的路權，舉辦「凱道沒有派對，只有小英一個人的道歉」的空拍活動，用九百三十二張紅色塑膠板凳，在總統府內的人一定看得到的視線範圍裡，排出了巨大的「沒有人是局外人」這七個字。

台北很多樹和草都被剪成制式的樣子，被管理成沒有生命力的一種單調、僵硬的整齊。我常常受不了，想回台東。這些行動藝術，很瘋狂，也很有趣，不只持續表達我們的訴求，也希望它們可以豐富台北的城市生活。

我依然以音樂來表達我的抗議。第三百九十七天，我在凱道發表了第二張EP《凱道巴奈流浪記》。內容收錄了我最早期的〈流浪記〉、〈自由〉

和新創作的〈毀滅〉：

警告那貪得無厭的人類
真心一顆顆被粉碎
眼再也看不見
耳再也聽不見
一天一天　盲目妥協

楊雅喆導演到我的發表會為我站台時，送了我一個大聲公。當年，我在女巫店演唱〈流浪記〉時，曾經多次提到被計程車司機騙了四百元。在這回的發表會，雅喆就用「四百元」來象徵權益。他高喊：「還巴奈四百元。」我就接著喊：「我們要做有尊嚴的人。」

二〇一八年三月三十日，由蔡丁貴召集的「公投護台灣聯盟」和反軍人年改團體「八百壯士」各自在立法院門口紮營抗議。三月三十日雙方各舉中華民國國旗和五星旗在凱道遊行，狹路相逢，起了大衝突。彼此透過大聲公

見維・巴里的漂流木作品「迴流系列」／李偉弘攝影

藝術家們。左起：逗小花、饒愛琴、安聖惠再次來到二二八公園持續創作，輪流做飯共食／陳若軒攝影

叫喊，衝突激烈。台北市長柯文哲大怒，下令把兩個「政治路霸」在中山南路上未申請路權的帳篷全都拆了。

警察在拆除他們帳篷時，同時把我們在捷運台大醫院站一號出口牆壁上的背板、布條……也清除了。

柯文哲市長的辦公室主任蔡壁如了解我們的狀況，就出來協調，讓我們把帳篷移到捷運一號出口旁的花壇。我們可以在帳篷睡覺，但是在一號出口的凱道小講堂的布置和設備都毀了。

為了能夠直接和民眾對話，馬躍一直邀請各領域的人，特別是一些專家來授課。移到公園後，凱道小講堂一天一場，總共一百七十場，是一項艱難的壯舉。馬躍累得生病了。

他之前先動了白內障手術，整天戴著墨鏡，那布總是叫他「黑社會老大」。一百七十場講堂之外，馬躍還做了九十九場環島巡迴演講。長期紮營的生活和過量的工作讓他得了嚴重的免疫系統疾病，時時劇痛，夜夜難眠。我們很清楚感受到他的痛苦，必須接受治療，長期休養，就勸他回家：「先把身體照顧好。」

病到這個地步，馬躍仍然沒有喪志，一直念著健康恢復後，要把從內本鹿下山抗爭前開始籌備的「南島魯瑪社」（Luma）協會成立起來，從部落的「全族語教育」開始，長期耕耘。

第四百天，馬躍生病，捷運平台不能再使用，凱道小講堂和各種藝術文化活動被迫停止，但夥伴們仍持續每天來關心。

原民會公告《劃設辦法》的一年又三十四天後，二〇一八年原轉會首次會議的前夕，我們在凱道召開記者會，質疑轉型正義已經淪為口號。我們做了一個很大很大的檳榔，重提先前的約定。那布鄭重的說：「把檳榔還給我！」不輕易流淚的那布都說到哽咽。我們徹底的失望了。

那布說：「劃設辦法不是轉型正義。這是轉頭不正義。」

「被騙！被騙！我只是比較笨，我只是比較慢，可是妳不能再騙我第二次了。」我對在場的記者說。

他們再問我和小英總統的互動。我把憤怒全部倒出來：「當初那個期待是真的，因為那麼靠近。但從今以後，我對小英總統的信任已經完全破滅。」

公園裡，我們的帳篷外，張貼著一張海報，小英總統燦笑著與我合照，上面印了一個大大的「騙」。旁邊還有寫著「修正傳統領域劃設辦法」、「原民會主委夷將下台」、「轉型正義」的看板、「沒有人是局外人」的布條。

一年過去，又到了「原住民族日」。這回我們被警察的盾牌隔得遠遠的。小英總統要在台大醫院國際會議中心的「原住民族行政會議」致詞。我們就到門口舉牌抗議，小英總統的車隊到達時，我們被盾牌隔離到邊邊的一側，遠遠的望著一排黑頭車車隊駛入。

我想起二〇一六年八月三日，發表道歉文的兩天後，小英總統在凱道下車，來跟我們說話，那布把兩顆檳榔交給陪同前來的總統府副祕書長姚人多，提醒他，這是代表我們的信任，相信總統會履行承諾。

第六百九十九天，二〇一九年一月二十二日，我們再次從捷運出口的花壇上被警察清場，所有物品再次被強力拆除。

我讓人員與物資先撤離，把還會使用到的簡單物品留下。我們不會離開。

第七百天起，連續二十多天沒下雨，我們就沒有搭帳篷的「正當性」，只能用睡袋直接睡在柏油路上，沒有大傘、沒有天幕。那二十多天，公園的駐警會在清晨六點來踢我們的睡袋，叫我起來，說這裡不能睡覺。

被踢醒的我，就到捷運站廁所盥洗。吃完早餐，就搬了椅子，撐起傘，身旁的海報和抗爭布條包住我，我像一個「三明治人」，坐在花壇邊的小路旁。路過的人張大眼睛看或停留細讀，然後問我：「你們的訴求究竟是什麼？」「傳統領域是什麼？」「原住民族轉型正義是什麼？」那布當時人在內本鹿山上，在公園陪同的夥伴就試著慢慢跟這些人說明。

朋友們說我們像算命的，也有說我是「傘下的革命家」。我只是找到機會就會說明我的訴求的原住民。

第七百天之後，「台灣人權促進會」成了我們最重要的後援單位，帳篷面臨被迫移動，或需要對外發聲的時候，他們都很快回應我們的需求。這個組織是很重要的指標。如果我們的社會不再需要這個組織，表示不管是多數或少數人的基本生活需求，都被照顧妥善了。

苗博雅市議員去找公園處主任，請他善待我們。主任的回答是：「這已經是專案列管了。」他們要向柯文哲定期回報。

二〇一九年三月二十二日，快接近第一千天，丹娜絲颱風來襲，警察又一次執行大驅趕，態度很強硬。他們去搶那布手上的行李箱時，那布本能的用手去擋，一位警察立刻非常用力的推了他一把，壯碩的那布一個踉蹌，差點跌倒。警察在推擠時，口中同時喊：「你不要用暴力喔。」「我們今天沒有打你喔。」

那布抗議他們才是用暴力的人：「你們的市長辦公室都說沒有要趕我們走啊，你可以開罰單，不要這麼粗暴，你們是否也可以為台灣的民主，表現得文明一點呢？」

警察架起柵欄，我和那布被推到柵欄外，前面是個公園長板凳，後面有個大垃圾桶。我們就在垃圾桶旁的水泥路席地而坐。朋友支援的帳篷、睡袋、衣服很快又來到現場。這是我們在二二八公園第四個紮營點。

林飛帆知道我們又被驅趕，特別來公園關心我和那布。

飛帆是熟朋友，凱道第一場記者會時，他就來聲援我們。二二八那天，他也陪我們帶著百合花，想進公園，卻被警察隔阻在門外。

林飛帆和我們在垃圾桶邊談話。他對我們說，如果這個叫社會運動的話，這個運動的媒體曝光度，或是被人關心的程度，已經沒有社會運動的效益了。那為什麼還留下來？你們的目標是什麼？

在這之前，就曾有好朋友傳來訊息，說我們這樣的抵抗是沒有用的，應該把時間用來做更有意義的事。我感到很深的挫折，連熟識的友人都無法理解我，又怎麼讓台灣島上兩千三百萬人民理解？我十分挫折，內心久久無法平靜。

但有一刻，我像開悟一樣的明白了：這樣的抵抗是一件重要的事。因為錯誤的政策必須被修正。

我不是特別聰明的人，常常靠著自己的感覺在做決定。相對於有用或沒用這樣的命題，我更常去想的是，什麼是我要的？

我很清楚我想要的是：權力者必須實現自己的政治承諾。我自己曾經公開支持小英，也必然有責任監督由她所領導的政府，蔡政府的確沒有把原住民族權利的事情處理好。我自己走上抗爭的路也是應該的。

我把這樣的心情簡要的告訴林飛帆。那布也很決斷的告訴他：「我們有權利主張自己所主張，我正在實踐我們追求的民主。這跟是不是社會運動，已經沒有那麼直接的關係。這是我們為爭取原住民族權益的實踐。」

四年一眨眼，又要選總統了。二〇一九年冬天，台北滿街海報，到了晚上，在帳篷裡都聽得到候選人宣傳車拜票的呼叫。

小英總統成功連任。朋友說，她沒有再競選連任的壓力，應該可以放手做事，又問我對她有什麼期待。我笑笑。但心裡隱約覺得，我要繼續抗爭，陪她做完這一任，繼續提醒她承諾的事。

二〇一九年，台北市政府工務局公園路燈工程管理處，以「違反集會法」、「妨礙公務」向法院控告我和那布，要求裁罰七千兩百元。我們不服，在林子琳律師協助下提起司法救濟。台灣人權促進會串連了二十多個團體聲援我們。二〇二〇年七月底，台北法院判我們贏。

法官的理由是我們為了抗爭擺椅子，並沒有妨礙交通或破壞公物，原住民族也是「憲法應積極保障之社會上經濟弱勢族群」，但申請公園場地應繳納費用。「阻礙渠等使用公園之傳統公共論壇場域發表言論之機會」，「國家自有義務確保弱勢族群之原住民得有效行使其言論自由及接近使用公共論壇之權利，使渠等之聲音在傳統公共論壇得以被聽見」。判決公園路燈工程管理處的規定違憲，罰單撤銷。

管理處再上訴。九月二十四日，法院最後定讞，判我們應繳七千兩百元罰鍰。罰鍰的公函是寄到那布的大姐家，大姐知道那布沒錢，也擔心我們「會被關」，就把這筆錢付了。

那年十月二十日，市長柯文哲來二二八公園參加紀念活動，順便視察了一下我們的帳篷。

他搔搔頭，對我們說：「能不能把帳篷弄漂亮一點？」

他表示，我們紮營抗爭這件事，他會回去和民眾黨立委及議員們一起討論，看看怎麼幫忙。這件事沒有下文。

「能不能把帳篷弄漂亮一點？」這也是許多台北朋友的反應。有的說：「真的太破爛了。」有的說：「這像是遊民啊。」那布一律回應：「我們又不是來露營渡假的。」

那布更沉重的說：「我們來這裡，用和平，用藝術，用詩表達我們的心聲。我們是在這裡實踐所謂的集會自由、言論自由的民主，呼籲執政當局正視原住民族的轉型正義。這裡是號稱代表轉型正義的二二八公園。如果你們覺得帳篷很破爛，那是不是正好反映了我們的民主也開始破爛？」

那布說起他年輕時參加街頭運動，爭取原住民族權益。一九八四年，「台灣原住民族權利促進會」成立。這是第一個以原住民為名的組織，胡德夫擔任第一屆會長，當了兩年，交棒給現在的原民會主委夷將．拔路兒。夷將當了兩任的原權會主委。「還我土地」、「原住民族自治」、「原住民族正名」都是當年他在街頭上帶領大家呼喊的訴求。

那布曾經跟著夷將上街頭，在滿滿都是刺的鐵絲網前喊口號。最讓那布慨嘆的是，四十多年前為民主抗爭的街頭運動，的確推動了民主政治的實踐。不少在街頭進行社會運動的抗爭者，還有以爭取原住民族權益為政見的政治人物，如今都進入體制，擁有了最高的權力。但是，當年的街頭夥伴，繼續爭取原住民族權益的抗爭運動卻仍被視為違法。

媒體不時報導我們抗爭的新聞，向閱聽者解說，支持修正原民傳統領域法規的訴求。但是總統府和原民會不動如山。

二〇二一年，台北市議員邱威傑（呱吉）在臉書上說：

「為了爭取原住民族轉型正義政策的原民歌手巴奈值得尊敬。」

「不要忘記住在那裡超過一千天的巴奈，尊敬她對原住民傳統領域的訴求，尊敬她不是在涼爽的秋天沾個醬油，而是不論寒暑的夜宿凱道。儘管被驅趕無數次，還是沒有忘記回來。」

讀到這樣溫暖的安慰，我好感動，安靜了好幾分鐘。

二〇二二年五月，因為公園草皮要維護，我們再次從垃圾桶旁流浪到近公園公廁旁。這是我們在公園的第五個駐紮點。

到了第兩千天，警察再度出現，手中拿出要我們撤離的公函，還做了兩個鐵的立牌，把公函貼在鐵板上。

那布戲謔的說：「這叫鐵案如山，昭告天下。」

媒體講述我們兩千天的流浪，標題是：

「不斷被驅趕的抗爭，不斷被迫遷徙的原住民族。」

在帳篷的廟宇裡

你們知道在玉山有一個古道非常有名？

對，八通關古道。

你有沒有想為什麼是八通，不是七通、六通，還是五通？

因為那是鄒語，叫Patungkuonu。

那有沒有人知道玉山，布農族語叫什麼？叫做Usaviah，對不對？

翻譯成中文叫做避難所……

現在台灣人說玉山是台灣的聖山這件事情，

其實講起來有點丟臉，因為你不知道為何神聖。

一直有人問，我們是怎麼在帳篷裡度過兩千多天？那麼熱，那麼冷，怎麼辦？去哪裡洗澡？吃什麼？怎麼睡？下雨怎麼辦？颱風來了怎麼辦？過日子的錢哪裡來？

如果是熟朋友，我就說，去一趟內本鹿，你就什麼都會了。天氣好的話，上山就要走十至十五天，還不能叫累。沒有水就到溪裡提水，餓了就生火煮食。只不過，在公園夜宿要在適當的時間去公共廁所取水，在帳篷煮食要小心翼翼。下雨後，就把浸在水裡面的被子和衣服拿去自助洗和烘乾。我們常說山上是「內本鹿」，二二八公園是「外本鹿」。

我和那布以泡麵、包子，在自助餐店打便當，加上朋友送來的辣椒，免煮的萵苣以及熟食就打發了三餐，多加一杯咖啡，就是最大的奢侈。

天冷時，我們就好好的穿起對的衣物，厚襪子、毛帽、圍巾、手套都少不了。煮食相對不方便，怎麼不讓廢水引發臭味也是一門學問。這些都很平常，我認為每個人都可以學會適應。最困難的是夏天的帳篷悶熱無風。

我一向怕熱，有很長的時間，我都處於全身不舒服的狀態，熱到長疹子，吃了各種止癢止痛的藥都沒有用。那布負責天剛亮就帶著水桶不停的

「打水」，讓我在篷內穿著衣服直接將水沖在身上。後來才發現我只要一吹冷氣或是舒涼的天氣就好了。

我們的帳篷內有三個很大的行動電源。我和女兒常會帶一卡大皮箱坐捷運去女巫店充電，或取可以喝的淨水和生活用品。這三個超大的行動電源原是報廢輪椅的電動車頭。本來要淘汰了，懂電機的朋友幫我們整理過，還裝上可以插ＵＳＢ的插座。所以我們篷內有近十個迷你小風扇，那布會把所有風扇都對向我，只留一兩個給自己。

錢從哪裡來？我們在初鹿有個小小的「家」，是我父親留下的水泥房，但有大筆貸款。長久以來，我們都在貧窮邊緣生活。有一次，我們存款只剩七百多元，一般提款機還無法提這麼少的錢，後來是從臺灣銀行的提款機提出來的。

為了賺取生活費，如果有人邀請，我還是去表演。曾經在女巫店工作，被那布收為乾女兒的小孟和陸君萍兩人在募資平台「Flying V」上，為我募到了「海嘯一百場巡迴演出」的經費，讓我能繼續唱歌，有一點點收入，繼續去傳達抗爭訴求。

疫情打亂了這種運作模式，真的有必要的花費時，我們就向部落的儲蓄互助社貸款。

二〇二一年，我的專輯《愛，不到》入圍「金音獎」。

那時疫情稍緩，衛生署允許小型室內集會。十一月，金音獎縮小規模舉行頒獎典禮。我覺得自己是一個和「抗爭」、「激進」劃上等號的女歌手，絕對不可能得獎，只抱著「去看看吧」的心情出席。

阿爆（Abao）在台上唸出我的名字，宣布我得到「評審團獎」，我簡直不敢相信自己的耳朵。

她說，評審團認為：「這個人一直告訴我們堅持、愛、勇敢，在人生當中是多麼的重要……《愛，不到》不僅是一張承載著時間重量，勇氣十足的概念專輯，也是巴奈二十年音樂生涯中的破格之作。」

上台領獎時，我向大家說：「大家都知道我在凱道抗爭一千七百零七天，我很自卑，所以不敢做夢，但是做音樂讓我慢慢的能夠講出真正的感覺……

「年輕的時候我身在戒嚴時代，當時有很多感覺，但覺得講得再多也沒有人懂，很多時候覺得音樂做得很努力，也都做得很好，可是很少人聽見。來到疫情時代，雖然這兩年較少演出，但心中真正重要的事情，我們就要忘記嗎？

「我們都是踩在土地上的人，有天我們都會死，我們要留什麼樣的世界給下一代？沒有人是局外人。」

台下掌聲不斷，有人大喊：「謝謝巴奈！」

困守公園的帳篷已經四年多，這個獎及現場那句「謝謝」，給了我很大的鼓勵。

守住帳篷，守住信念是我和那布的堅持。當大風雨來，造成帳篷破損，漏雨時，那布就拿雨傘當「補丁」，最高紀錄曾經有七、八把撐開的雨傘在帳篷外為我們擋雨。帳篷內，那一頂曾讓安聖惠大哭的透明小蚊帳是為我們擋蚊、擋蟲的「最高檔」配備。有朋友戲稱我們這是「雨傘革命的二二八公園版」。

在夜宿行動第二千三百四十二天，卡努颱風作勢直撲北北基，政府單位發布停班停課。我們將所有物資清空，租了一部七人座的汽車當作臨時倉庫，兩個人投宿附近的青年旅社，等放晴後再物歸原位。

原本身體十分壯碩的那布，到凱道之前就有嚴重的肺栓塞，還有一些慢性疾病，公園紮營期間又動了關節手術，他身體日益孱弱，在帳篷裡，多數時間都坐在一張輪椅上。

過去二十三年，那布幾乎每年都會花一兩個月上山「回家」。抗爭期間，即使身體病痛也不例外。神奇的是去內本鹿的前兩個月，他總是興致高昂的講他上山要做的事。拖著疼痛的腳，跟夥伴去爬那永遠爬不完的崎嶇山路，好像是他的特效藥。回到公園帳篷後，他可以繼續精神奕奕的說了又說，說上三、四十天。內本鹿的家屋是他的信仰，他的生命。

疫情讓人類驚慌，隔離讓世界沉靜下來。早上七、八點，公園不再有上班族匆忙的腳步聲。以前熱到受不了時，我偶爾會去公園旁的咖啡廳叫杯咖啡，坐一下午，吹冷氣，打電腦。疫情爆發後，咖啡廳只賣外帶，或乾脆關門。我徹底以帳篷為家了。

公園幾乎全空，朋友們來關心，戴著口罩在帳篷外勸我們回家。我說我們不會離開。後來他們電話問候。疫情拖久，電話也少了。我的心也跟著安靜下來。

在孤獨、漫長的駐紮中，那布進入沉澱和反省。他說，帳篷是我們的廟宇。但他對政治仍然持續關心，會用朋友送他的一台舊 iPad 看新聞和政論節目。我常覺得他是我的「哆啦 A 夢」。只要我想要的、想做的，他都會讓我的心願實現。他說他最大的任務只有一個，就是：「要巴奈開心。」

沒有外出活動，我有許多安靜的時刻，就會去想這幾年發生的事。南美瑜編輯了一本三百多頁的書：《劃出回家的路——為傳統領域夜宿凱道 day 700+影．詩》，我常翻讀，仔細辨識照片裡的老朋友，希望他們都好。我也反覆聽專家們在小講堂授課的錄音。一般人對原住民的處境其實很陌生，我琢磨怎樣把抗爭的議題表達得更好。

靜宜大學助理教授林淑雅，一直很關心我們這群人。她長期關注原住民族的歷史和法律權益，曾經參與二〇〇二年陳水扁總統「新夥伴關係協約」的起草工作，也是小英總統「原住民族轉型正義委員會」的委員。小講堂在捷運一號出口重新出發時，淑雅老師也來上過課。

她問聽眾：「你們知不知道鄒族怎麼稱呼玉山？你們知道在玉山有一個

古道非常有名？對，八通關古道。你有沒有想為什麼是八通，不是七通、六通，還是五通？因為那是鄒語，叫 Patungkuonu。那有沒有人知道玉山，布農族語叫什麼？在場有布農族的朋友嗎？叫做 Usaviah，對不對？翻譯成中文叫做避難所……

「現在台灣人說玉山是台灣的聖山這件事情，其實講起來有點丟臉，因為你不知道為何神聖。但是從布農族的歷史來說，它是避難所，在大洪水時代，那個山巔讓族人能夠存活……這是他們的神聖的所在。

「這就是為什麼，我們一定要放棄現在縣市的那種界線……傳統領域的概念不是在談這是你的還是我的，是在豐富我們的土地歷史……可能就是一個山川或海洋的界線，而且族群跟族群曾經的衝突一定會被凸顯出來，他們中間以哪個山稜為界，以哪一條河流為界。請問，這難道不是最好的本土教材嗎？我們的課綱就應該放進去嘛！對不對？

「那我們在怕什麼？公部門會說：『會喔，會喔。我們漢人都很害怕這件事。』

「這難道不是我們公部門在製造對立嗎？政府應該試圖把原住民族的心

2021年，一頂帳篷在二二八公園流浪／巴奈友人攝影

2022年2月18日，雨中的帳篷／顏霖沼攝影

聲和心意去解釋給主流社會聽，怎麼反而是先扭曲我們每一個族群的心情。這就是沒有盡到一個比較好的社會溝通責任，反而塑造了其實本來根本不存在的對立的狀況。」

她認為唯一可以跳脫政治意識型態泥淖的，就是堅持人權這個理念，要尊重每一個族群。

「劃設需要不斷的討論和協商。你提傳統領域，然後說怕原住民和原住民有衝突和對立，這是假的。你怕原住民會像以前我們把土地收歸國有，怕某個民族會立即把它收歸為他們的『所有地』。他們已經一再一再說，他們沒有要土地所有權。沒有民族會這麼做。」

二〇一九年九月十九日，電話接連的響。台北高等行政法院判決，邵族敗訴，失去他們的傳統領域。朋友們氣炸了，罵聲連連。

二〇一六年，南投縣政府公告了「南投縣日月潭孔雀園土地觀光遊憩重大設施ＢＯＴ案」，又要蓋大飯店。邵族認為這個開發案的土地是他們的傳統領域，極力反對，要求縣政府與開發商依循《原住民族基本法》第二十一條，諮詢邵族的同意。縣府與建商沒有回應。

二〇一七年，《原住民族土地或部落範圍土地劃設辦法》公布施行的第二年，原民會依《劃設辦法》邀請了相關的主管機關，與部落代表開會，林務局、林試所、茶改場等與會機關表示尊重或支持邵族部落的決議。

同年六月十一日，原民會公告，邵族和烏來泰雅族，成為第一批公告傳統領域的原住民族。

南投縣政府、魚池鄉公所和孔雀園開發公司，向行政院提出「應撤銷傳統領域」的訴願。結果，行政院訴願會以會議「沒有邀請土地範圍內的全部共二十六個公有土地管理機關來參與討論，程序上不無瑕疵」為由，撤銷了邵族傳統領域。

邵族人上訴。代理邵族的律師詹順貴表示，一般來說，行政命令的研訂，只需要業務相關的機關參與會議。這次行政部門卻透過建立這樣一個高門檻，架空《原基法》諮商同意權行使的可能性……違反《行政程序法》中的「政府的行政行為不可以有差別待遇」。

二〇一九年九月十九日，最高行政法院駁回邵族代表毛隆昌（Panu Pakamumu）等人上訴，支持行政院撤銷原民會公告邵族傳統領域合法。（註）

人口只有兩百的邵族失去了他們的傳統領域。政府將傳統領域劃給邵族，基於這樣或那樣的理由，又搶回去。邵族的悲劇讓我想起都蘭部落自治區的事。

二〇一六年八月一日發表道歉書的十天後，八月十一日，小英總統拜訪台東都蘭部落，宣布選定都蘭部落作為第一個原住民族自治試辦區。東華大學民族事務與發展學系施正鋒教授馬上質問：「試辦，是否意味著，也可以隨時再取回自治權？」

小英總統宣布都蘭自治試辦區後，沒有後續的規畫。隔年的二二八，都蘭部落針對《傳統領域劃設辦法》排除私有地的做法，升起狼煙，自行公告了傳統領域和傳統漁獵採集海域。

都蘭傳統領域的問題不是從小英總統的拜訪開始的。二〇〇三年，交通部觀光局東部國家風景區管理處，沒有諮詢部落，便將阿美族的祖靈聖地，都蘭鼻約三十公頃的土地進行ＢＯＴ說明會，部落居民強烈抗議，長居都蘭的劇作家陳明才跳海自殺反對，才讓政府暫停計畫。

原住民聽到ＢＯＴ就會生氣。

二〇〇三年，台東縣政府將杉原海岸以BOT的方式出租給美麗灣渡假村公司，同時刻意迴避環境影響評估程序，就核准建築大飯店。那是東海岸唯一的沙岸地形，也是原住民族日常活動的地區，原民團體、學者、文化界人士群起抗議，法院多次判決違法，台東縣政府仍堅持繼續開發。

二〇一六年，最高行政法院判決撤銷台東縣政府通過環評審查的結論，並對縣府准許業者復工進行行政處分。二〇二〇年，縣府以近六億三千萬的公款，買下美麗灣公司已完成的建物，二〇二二年，又公告海濱建築的民間委託經營，大家都害怕變相的觀光飯店要借屍還魂。

最讓人心痛、憤怒，又幾乎絕望的是達悟族的遭遇。

一九七八年，政府在蘭嶼居民完全不知情的情況下，在龍門地區興建核廢料貯存場，並於一九八五年啟用。知道真相後，達悟族人多年怒吼抗爭。台電除支付蘭嶼鄉公所每年約二百多萬的回饋金，自二〇〇〇年新增二．二億土地配套補償金，每三年補助一次。遲至二〇一九年，小英總統任內，政府才撥出二十五．五億的「回溯補償金」，定期發放補償金給居民。但是三千多名達悟族人迄今仍與十萬二千七百七十七桶核廢料為鄰，生活在大約只有四十五平方公里的小島上。

如果對傳統領域沒有完備的法律保障，不只原住民族文化無法傳承，山海環境無法保護，連原住民族的健康與生命也沒有保障。

二〇〇一年，行政院把「原住民族自治暫行條例」，送進立法院，幾經討論，迄今不動如山。

夜宿抗爭這幾年，那布讀了很多法律相關的文章和法條。但他說他消化不了。在無人探訪的疫情期間，他有了新的體悟，過去臉上總是寫著「我很慓悍」、「我很憤怒」的臉上，線條開始「柔和」起來。

他學會換個立場來看待我們要抗爭的對象：「這是整個政治工程、法律工程、整個世界的事。我不要再從法律去對自己解釋什麼。那些制定或執行政策的人，其實都是精英。我只能衷心祝福他們，不要違背自己的良心，不要對不起原住民族的歷史。我們是受壓迫，其實他們也是被整個國家機器壓迫的人，他們為了自己的生存和職責，要揣摩上意。」

我不能接受邵族努力的結果。我沒有大叫，只是安靜的哭起來。那布抱住我。等我平靜下來，他說，這麼多年來，一直在抗爭，一再被驅趕，可是從未放棄，因為「我相信台灣的民主」。

他說：「在以前的時代，在今天很多國家，很多地方，我們這麼做，老早被關起來了。台灣的民主是幾代人用很大的力氣，甚至犧牲生命爭取出來的，我們必須尊敬。它還不夠好，但是我們要珍惜這一點自由，來爭取更大的進步。」

疫情過後，許多朋友沒想到我們還在紮營，心疼的說：「還在啊？」大家開始陸續回來探望我們。

「為什麼？」幾乎是絕大多數人的提問。為什麼要過得這麼辛苦？為什麼要從一天、一百天、一千天、一直到二千多天，而且還沒結束？

在帳篷的外面，抬頭就可以看到總統府。天黑後，燈光把塔樓照得晶亮。總統府這麼高大，我這麼渺小。從公園走過去只要幾分鐘，實際上，我們的距離如此遙遠。

二〇二一年的八月一日，原住民族日，小英總統出席全國原住民族行政會議，她在幾天前確診，會議前一天快篩陰性。致詞時她用沙啞的嗓音說，五年前代表政府向原住民族道歉不是終點，而是台灣社會一起追求歷史正義

2023年10月16日，仍然在／簡正昇攝影

的起點。

我讀到這則新聞，很無言。我不再對她感到憤怒，但心中那抹最後的期待早已隨風而逝。

我們的力量太渺小，無法對抗國家機器。那布告訴我：「我已經發現自己真正能做的，就是等這邊结束後，好好持續走回家的路。甚至住到內本鹿山上的家，一個月、三個月都有可能。但是我們絕不放棄。」

身體是我唯一的武器，警察可以驅趕，可以把我搬來搬去，只要我存在，我就能繼續表達我的意見。

二〇二三年五月十日，台中南屯工地塔吊吊臂從高處墜落，掉在捷運軌道上，列車撞上吊臂，車廂裡的林淑雅老師罹難往生。我和夥伴們萬分難過。她的告別式，很多ＮＧＯ的朋友都去送她。小英總統也去了，我們坐在後排，沒有打照面。

那天晚上，我想起淑雅老師在講堂說過的話：「我們要懷抱信心，我們要懷抱信心，但是我們確實不一定會成功，好，我們確實不一定會成功，但是我們要試了才知道，我們真的要試了才知道。」

淑雅老師跟我們講過，紐西蘭跟加拿大的原住民，意識到國家是運用法律在玩這個遊戲。酋長和長老們先是發展出族語的文字，結果有百分之百的人都識字，他們再派族群的年輕人去學法律，有意識的，大量的去學法律。這些年輕人族群意識堅強，最後進入到主流的法律體系裡去顛覆它。「他們花了一百多年的時間對抗，也就是失敗了一百多年，才一塊一塊取回他們的傳統領地。」

我們抗爭了七年，好像一無所成。但是反美麗灣用了二十年，才取得最後的勝利。從「反亞泥還我土地」運動開始，環團及秀林鄉太魯閣族人用了四十年的時間，才促使政府修正《礦業法》。路很遠，只要懷抱信心，就能繼續走。

在抗爭的七年裡，我們面臨了那布父親和我母親的最後一段路。我們在台北和台東之間奔波，到醫院看顧父母，但老人家仍先後辭世。那布提到父親，特別難過：「父親一直不贊成我做什麼抗爭。但他有好幾次來凱道看我，就默默的站在角落關心。」

我們常常想念初鹿的家，和在那裡靠著阿姨們照顧，獨自成長的女兒。孩子自己在台東生活，讀完高中三年。孩子被迫孤單一個人，遇到颱風天，她也獨自度過。我所能做的就是盡可能滿足她的需求，安排可以隨時啟動的支持系統。有一次家裡沒有繳電費被斷電，只剩一盞微亮的燈，我陪孩子講電話，安慰她隔天阿姨一定會處理好電的事情。我一面說，一面默默流淚。

這些事情都讓我感到內疚，心裡很不捨。偶爾我會在腦海中回想自己吃過的苦，很希望孩子能有好運氣，可以遇到很好的人，更希望她可以有勇氣承受生命中的難題，可以擁有喜歡自己的能力。

那布知道我從小沒有「家」，連一張全家福的照片都沒有。所以他非常努力經營這個家。我們互相提醒，要當孩子生命中可以信任的大人，當她碰到難關的時候，願意告訴我們，讓我們可以跟她一起度過。

孩子考大學的時候，要填志願，我希望她填台北的學校。那布一向不太介意孩子唸不唸大學，常對她說：「妳只要知道自己喜歡什麼，要什麼，就好了。」

孩子考上了淡江大學英文系。但她很不適應，想換學校。我問她為什麼，她說：「我為什麼要唸莎士比亞？莎士比亞和我有什麼關係？」

我接受她的想法也支持她。後來她如願進入東華大學原住民族學院。年輕時的「柯美黛」總是羨慕「成功」的人，羨慕她們在舞台上光鮮亮麗，過著無慮好生活。成為「巴奈」之後，特別是有了孩子之後，我的價值觀轉向「做一個誠實的人」和「做自己」。

我希望我的孩子可以成為自己喜歡的樣子，可以說出真話。這是生命中真正重要的事。

堅持了七年，很多人很好奇我們的夜宿，什麼時候會告一段落。我只有一個答案：「我要陪蔡英文當總統。因為她說給她一點點時間，她會好好的做。她是直接看著我的眼睛承諾的。我一直在這裡提醒她。」

作為一個創作者，我必須對自己誠實。如果不堅持的追尋下去，我要怎麼繼續寫歌？我要做一個磊落的人。

我和那布會在二〇二四年五月二十日、小英總統結束她任期的那天離開。那天是我們在凱道和二二八公園抗爭第二千六百四十四個日子。

離開，把「回家」的路繼續走下去。

這本書記錄了我們抗爭的回憶。我和那布用十分之一的人生，大聲說出我們的想法。希望這本書可以讓我們的聲音，陪伴一代又一代的年輕人，在回家的路途上，接續往前走，為了文化的傳承，為了族群的尊嚴。

註

行政法院判決邵族敗訴的理由，主要是行政院是原民會的直屬上級機關，上級機關有權針對下級機關的決定進行妥當性審查而予以變更、撤銷。

在此案意味著原民會對邵族傳統領域的公告，行政法院是以尊重行政院有權審查原民會公告的妥當性為由，判決邵族敗訴。

而行政院撤銷原民會的邵族傳統領域公告，正是蔡政府仍然受制於所有權制度與漢人權益的刻板思維。

後記

徐璐

從懷寧街轉入一個像柵欄的大門口，就是二二八公園，整齊的灌木叢圍籬規規矩矩的呈現一種單調的風情。只有杜鵑在春天會以各種紅色和流蘇樹如雲朵般的燦爛白花，才吸引一些人來拍照。巴奈曾形容「這個城市樹木和草皮都長成差不多的樣子，一切都被管理成要死不活的僵硬。沒有生命力的一種整齊」。

巴奈和那布的帳篷靠近捷運台大醫院站一號出口，後面是公園公廁。這七年來，有少數來到這個公園的人，是專程為了來看巴奈和那布。也有少數心懷支持的朋友們只為了看一眼「傳說中的帳篷」，經常是經過，卻因怕打擾她們而不敢和她們打聲招呼。

如果不是二〇二一年六月，那布的一通電話，我也不會在過去兩年半成為二二八公園及這頂帳篷的常客。那是我退休後的第一個初夏的下午。當我手機上顯示是「那布」來電時，我以為發生了什麼事，因為我一向都是和巴奈彼此聯絡。電話中，那布第一句話就是：「妳退休的閉關期過了嗎？」

然後接著說：「妳能幫我寫一本書嗎？」

我不記得他是說「我」還是「我們」。我當下的回應是：「怎麼可能？我怎麼可能有資格寫原住民的書？」他誠意的試圖說服我，要我去台北當面聊。

我急忙訂了機票上台北去澆熄他的期待。去到帳篷。天氣不算炎熱，我們就在帳篷外，坐在野營用的折疊椅，巴奈在旁邊鋪了瑜伽墊在拉筋。那布說了很多，特別是「內本鹿」。我多次參加過他們從內本鹿下山後的分享交流會，對這個行動，我不算陌生，但我仍惶恐的拒絕。那布期盼殷切，我聽了很久，想到自己退休後曾計畫當志工。

「也許我可以以志工身分幫你做訪談記錄，好嗎？你可以當資料庫。之後，你再看找誰來寫，但不會是我寫。但即使是訪談，我也會很慢很慢的做。我不要有任何壓力。」

他立即回應：「妳儘管慢慢的、慢慢的做，不要有任何壓力。」能「慢

總統沒回應
一.退回「原住民族土地及部落範圍土地劃設辦法」
二.原民會主委夷將下

巴奈和那布彼此始終相互支持 2017年 / 林相如攝影

慢、慢慢的……」實在太符合我的退休心情了，而且我也本有意在退休後多閱讀一些關於原住民族的書，我答應了。

之後，我平均每一至兩個月上台北，去帳篷開始訪談錄音、做筆記，像早年當記者一樣。那布及相關學者的訪談進行了近一百個小時。剛開始巴奈只有幾小時，錄音稿請了年輕朋友先打出聽寫稿，我再根據筆記做大修正。然後再分批印出來讓他們看。

半年後，多半在旁邊聽的巴奈說：「妳應該和他們一起上一趟內本鹿，妳才會有真實的感覺。」

喔。這事情很大條。同事和朋友都知道，我一向體力很差，是「洛基」（弱雞）。在一串「不可能」、「絕不可能」……的哀嚎中優柔寡斷、來回掙扎。去過內本鹿的陸君萍在我一再追問下，直言：「也許妳先用一年的時間先試著鍛鍊一點體力吧。」

退休時就想強化健康、多運動的我，台東朋友彥芬，幫我介紹一位優秀的重訓教練，我開始做起體能訓練。四個月後，我深蹲的背槓從二十公斤做到了四十公斤，加上每週四次四十分鐘的慢跑。內本鹿的隊友蘋果和巴奈陪我去爬了兩次都蘭山，出乎我意料之外，她們說我只要加強登山杖的使用，「應該上得了山」。半年後，我竟然走在回內本鹿的路上。

內本鹿之行原來預定來回共三十天，一共有三隊。我們是「老弱婦孺隊」，最後因為隊友受傷，我們只走了六天，就下山了。有一次，一位很知己的朋友問我：「妳對那個山有什麼印象？」我看著她，竟當場怔住了。

我看到的是「貧瘠」、「經過毀滅的」，只剩「斷垣殘壁」、「面目猙獰」的蕨類……的野山。那布第一次上山曾以「驚嚇」來形容他的感受。上山的第一天，我們走了五公里。第二天下起大雨，領隊決定暫棲紮營地。第三天雨停了，我們才繼續走。

我們幾乎都是在爛泥巴地上行走，年輕的隊友要我用很大很大的大外八方式走。夜宿的紮營地很簡陋，但只要紮營總會篝個火，可以煮飯，也讓人感到溫暖。再往上的路聽說才是挑戰的開始，更為難行。

若問我印象如何？「很不美麗的野山」應是最容易的回答，但我卻突然一句話都說不出來，內心有個自己都不曾感受過的糾結。

那布多次向我提過上山的狀況，這些簡陋辛苦我都有心理準備。我曾為了內本鹿去訪問一位內本鹿的耆老，或許是他一生希望「作為內本鹿戰士」或實現「內本鹿自治」的夢想已然破碎帶來的壓抑。他長期浸入酒精作為慰藉。當天，他醉到幾乎無法走路，仍依約而來，突然一陣清醒的對我說：「一定要重返內本鹿、一定要重返內本鹿、一定要走向自治」後，又醉倒在地。朋友把他載送回家。Dahu和Langus也在現場，他們也向我提到上山的路和一般以為的山林非常不同。

我以為我已然了解這條路非常不好走，當我身歷其中，我對他們回家的路竟然艱困至此，有著很深的震撼，也明白了巴奈為什麼用「驚嚇」來形容。下山後，有好長一段時間，我的靈魂都好像還留在那裡。我常夢到那一大片泥巴路和那張因酒精而迷離破碎的臉。幾次半夜驚醒，回想夢中的淚，我終於知道，讓我說不出話的原來是壓抑在我心中的哀傷。

「重返內本鹿」背後是延平鄉布農族傷痕累累，受盡迫害和屈辱的歷史。下山後，我和內本鹿團隊的中生代領袖柯俊雄做訪談，他長期研究內本鹿和布農族的歷史，我鼓勵他應寫一本書，我也提到了若要把我做的訪談稿寫成文章或書的困難。柯俊雄回應我：「妳可以寫巴奈他們兩人的生命故事，因為他們的生命其實是很多原住民的縮影。」

這段話一直縈繞在我腦海。許多次到巴奈他們在公園內的帳篷，聽他們訴說一段段的生命歷程和對原住民族權益的追尋，聽他們的失望和期待。我告訴他們，如果是寫他們的生命故事，我願意嘗試。

巴奈那時剛好有比較多的演出，我幾乎「緊盯」著她的時間，找縫隙做訪談。有一天，我接到巴奈的訊息：「文章讓我哭得很厲害，唉。」當時她人在台東：「明天我們去『湛藍邊境』，好嗎？可以看海。」

有一回，她提到其中一小段寫到哥哥的往生，讓她沉到海底，讓她潰堤。接下來，她花了好幾個下午及晚上，很多很多時間讓我問問題、錄音。她自己也寫了許多文字。我知道，她終於「明白」這是寫她和那布的故事。

我是以「巴奈的粉絲」和她結緣的。彼此較為熟悉後，也習慣了巴奈自稱「凶巴巴」的氣場。經過這兩年半更頻繁及近距離的接觸，我才覺察她的心其實像「豆腐」，溫暖柔軟。只要姐妹朋友、年輕人碰到家事、情事、生活上的「坎」及低潮時，她就算連夜坐火車、轉客運，也會去陪伴、傾聽。一次又一次，當我們看著海，聽她敞開心胸談家裡的事，我恍神了一下：

「原來這是我從未認識的巴奈。」

我也慢慢了解到她有一個絕對不能碰觸的底線，叫「尊嚴」。她的、原住民族的……她這麼長期的抗爭和堅持，其實為的就是維護她生命最重要的那條底線「尊嚴」。

這本書出版之時，巴奈和那布也即將離開二二八公園，回到台東，那天會是凱道及公園抗爭的第二六四四天。在初步定稿時，我被朋友問及：「這個抗爭運動能為原住民族帶來什麼影響？這本書的深層意義是什麼？下一步呢？未來的路是什麼？」

內本鹿隊友蘋果給巴奈的訊息曾提到：《原住民族傳統領域劃設辦法》很容易被標籤成那是「原住民族」的議題。但沒有人是局外人，每個人都生長在這個島嶼的土地上，也許越文明就越容易被異化成跟土地越來越遠。

原住民族人口只占台灣人口的百分之二，或二·五，是極小化的「少數」。他們的資源和力量用「極微薄」都仍不足以形容。過去四十多年，如果不是他們傾力發出聲音、不斷敘述他們的歷史和故事，文明的力量在台灣也越來越茁壯的社會氛圍下，「原住民族」很可能只成為一個「弱勢」、

「先住民」的名字。

寫這本書時，蒐集和校對族名是一項艱困的工程。巴奈和那布用盡心力，仍不能確認百分之百的正確度。特別是老一輩的族人和較常使用漢名的原住民朋友。「錯誤」或「疏漏」是寫完這本書最大的不安。

一個需要進行「轉型正義」的族群，其實都是滿載傷痕、匍匐前行。法國詩人蒙田曾有一句話：「刺痛我們的，比撫觸我們的，讓我們感受更深，也令我們更警醒。」

「警醒」讓巴奈、那布、馬躍，及許多原住民族中生代和青年族群不敢懈怠。他們用歷經幾代受盡屈辱的敏銳和意志力，以不同的方式關注著不同的議題，直視著所有民主國家的憲法都高舉的「人權」、「公平正義」之旗。

東華大學的吳海音教授說得好：

一群人用生命跨越時空的斷裂，歸返重建和天地祖靈共生的家！這才是讓人羨慕、感動和尊敬的文化。

訪談紀錄

鄭漢文（現為萬安國小校長，前為延平鄉桃源國小校長）

鄭校長有「比原住民還原住民的漢人校長」之稱。他「不只是校長，更像哲學家」，本身是植物學專家。他關注學校，更關注學生的家庭及部落。曾在延平鄉桃源國小擔任了十二年的校長。對延平鄉、內本鹿和布農族歷史都有很深的了解。

鄭漢文校長從事教育工作以來，始終堅持要在資源貧瘠的偏鄉小學任職。先是蘭嶼朗島國小，之後在台東金峰鄉新興國小，他發現若父母沒有工作或收入，孩子在家裡也較難受到比較妥適的照顧，所以他幫父親們成立「木工坊」、幫媽媽們成立「布工坊」。他去了延平鄉桃源國小，同時整合資源讓部落媽媽們當志工，進行只有這些部落媽媽才能進入每戶家內發現深層問題的「社區關懷照顧計畫」。二〇二二年，他被分派至池上萬安國小及振興分校。

他認為巴奈、那布、馬躍所發起的抗爭可說是一場「史詩級」的、甚至是「世界級」的運動。因為在近代史上，這種長達二千多天，只有藝術、音樂、呼籲，完全沒有仇恨、暴力，只有和平和包容的「抗爭」已可拿到國際上當作一個典範。將來，巴奈、那布、馬躍應該去國際舞台上敍說他們的故事。

「傳統領域」在開始時是他們的訴求，但他們做到的是價值觀的分享和深耕。希望大家一起從議題的關心，產生對公平正義的自我覺醒。把內在的聲音找出來、講出來，這個聲音就是「價值期待的渴望」。

他認為這場長期行動撒下了很深的一個火種，以有形無形的火花一波一波的散出去。它先是點燃許多人心中的關切，然後再透過藝術及一場又一場的活動，希望大家找到自己內心的火種。在布農語中，「sang」是火種的意思，「mai asang」是故鄉。

沒有火種就沒有家。最重要的是心中要有家，我們稱它為「isang」（心魂）。即使人在他方，只要大家心裡有那個火種，心裡就有sang，就會激發熱情，逐步凝結成社群、成為聚落，成為大家思思念念的地方，那就是故鄉。

鄭校長用了「外在於我、內在於己」來形容這場抗爭的價值。先是喚起覺醒、找到自我的認同，這是「己」。過程中，他們不斷娓娓訴說本我最深沉的感受，希望和執政者，特別是社會大眾對話，這是「我」。他說，巴奈她們還做到了「吾」——就是「我們大家」。除了我們的族人，還有他族的族人，他們自發的到了現場，像邵族，連他們代表傳統文化的獨木舟都搬上來了。他們並不是「只做好我自己」，而是我們，不管是太魯閣族、鄒族、排灣族……「我們如何一起努力，一起來面對。」

他覺得用原住民族權益運動的階段或效益會比較不容易為巴奈他們這次的行動找到定義。因為談「原住民權益運動」會回到歷史脈絡的框架，就會回到「原住民族又不斷在抗爭」的思維。這個臍帶應該被割斷，要跳出來回到他們行動的本身。從他們做的事情與行動，包括以一頂帳篷在公園堅持到底，反而更能看到他們寬容的內在和溫厚的本質。而且是在不被理解、不被接納的情況下，仍懷著希望被高度理解的堅持，這才是他們想展現的意義。

原住民朋友常說「我了解你的明白」，意思是「你的明白是你的明白」，「我了解，但那不是我的明白」。所以許多溝通對話經常在未傾聽或傾聽不夠的情況下成了兩條平行線。何況，許多原住民的心靈還未從不堪、集體的創傷下康復。

道歉很容易，但實際的作為更重要。布農語的habas是指過去，habasin是過去的過去，意思是未來。他們從habas一路走來，現在正走在habasin的路上。

陸君萍（資深音樂工作者，曾任「街聲」新媒體發展部資深副總）

大家都叫她「陸」或「陸君」。不論是募款規畫、音樂活動、凱道行動、重返內本鹿……她都是巴奈和那布長期以來最重要的好友和夥伴。

她在凱道抗爭的第一天就到了現場。對於巴奈和那布，及這場運動，她有著極為敏銳的觀察和深層的了解。

對於巴奈與那布訂下離去的時間表，她說她始終沒有「塵埃落定」的感覺：「這場運動——其實『運動』這個詞，連同『這場』這個單位都十分權宜且概念老舊。」她認為經過多年的駐守，從激烈繁盛到寂靜等待，沒有可類比的經驗，也無法論其成敗，它已經是巴奈、那布、馬躍，以及其他參與者的人生歷程。

她相信這些年來來去去的所有的，她熟悉或不熟悉的，活過這幾年，被這個題目及其延伸，以及相關的關懷洗鍊，人生裡重要的事、對自己與他者的理解、投向外在的情感與期待，以這個行動為轉折點，都產生了或多或少的變化。

到最後，仍然停在那裡沒有進度的只有多年無法落實的《原住民族基本法》，以及違背了承諾，傷了人心，態度曖昧企圖苟且卻終究還是執行困難的《原住民族土地或部落範圍土地劃設辦法》。

在政治之外，她認為很多想法已經著根，質疑與堅持甚至嶄新的概念與行動各自生長。這絕不能被描述成這個抗爭「運動」的種子遍地開花，但即便僅僅是因為最後那孤立的帳篷裡一雙身影顯得寂寥，也能證明沒有策略沒有機巧的堅持，是對得起自己也無愧於世的，那麼多艱難的路途也會令人有勇氣前行。

如果計算一場「運動」的成功來自於有什麼被立即改變，那麼，諸多民主前輩的捨身奮鬥都要被統計為失敗了。人的心，都是慢慢移動的，而這個移動當然不是從「巴那馬」進凱道始，亦不會因他們離開而終。

陸君認為：「事件有結束之時，運動無成敗定論。挑戰的對象已經改變，戰場勢必轉換。」

巴奈三人進駐凱道的最初口號是「一起陪原住民族劃出回家的路」。而後，在關於土地的共識尋覓下，發展出「沒有人是局外人」的口號。

陸君萍認為「沒有人是局外人」極大化的呼喚起人們思考自己與土地的關係，也將人們推向更細緻的覺察——無論自己是否為原住民，以坦誠的態度懷抱共生共榮的意念，省思自己如何行走於世，如何不負這片土地的滋養，如何才能無愧自己回報之心。

原住民族回家的路，並非重建祖屋或返回祖居地居住的表象，而是追尋文化裡立身處世的精神，拿回自己選擇的權利。

回家，家不是土地所有權，家是自己的本心，是尊重與理解後能自立自強的方寸之地，穩穩立足方寸間才真的能看見自己的大世界在那裡。

林飛帆（現任「新境界文教基金會」董事，前民進黨副祕書長）

林飛帆和巴奈、那布曾經相當熟識。凱道抗爭的記者會，他出現過至少三次。巴奈和那布在公園駐紮時，林飛帆曾經去看過他們，和他們聊過運動的目標、意義。我不認識他，但有想過訪談名單中應有一位對民進黨體制內狀況有些了解，又非官員的人。

我在看凱道抗爭活動的許多影片中，在凱道第一場記者會上，我看到林飛帆也在。當時，他拿起麥克風批評蔡政府改革沒有誠意。他說：「改革需要時間，但改革也需要誠意。如果執政者是擺出一副姿態，說我已經做非常多了，我有多辛苦大家都不知道。都是在解釋我做了多少多少，這其實是一個不負責任的改革。」

他也提到蔡政府對原住民族所做的事，包括新政府在相關的法制和法規的討論、修正、訂定，彷彿是兩個平行的世界：「不能因為有這個道歉的大傘，這些法規的制定就可以看起來好像沒那麼嚴重。不能因為道歉這件事就可以遮掩掉或掩蓋掉很多不正義的事繼續發生。」

我對他能在公開場合提出如此尖銳的批評印象很深。七年了，他出國進修過，也擔任過民進黨副祕書長，算是「從街頭進入了體制內」，我很好奇他現在怎麼看巴奈他們這次的抗爭行動。我只是想試試看，巴奈和他聯絡後，他答應和我見面，在博愛路的一家小咖啡廳。

他同意我錄音。一坐下來，我就先向他說我曾聽過他在七年前記者會上那些對蔡政府的批評，想知道他現在怎麼想。

他說：「我自己回頭看，當初巴奈她們在發起長期抗爭的時候，一開始的用意和後來演變的結果，我認為真正走到今天，七年多下來，就是某種方面的卡關，那個卡關的點，在於這兩方面的期待，對現實問題的理解其實是有很大落差，真正的卡點，在這個地方。」他認為從體制內的角度來看，當他們面對到原住民運動的課題，其實實際狀況是很複雜的。不同的部落期待也有不同，有一個差距很大的光譜。

他說：「我自己感覺，這幾年民進黨政府他自己面對的問題是，如何去balance（平衡）這麼多不同要關顧的人和議題。」

問：是不是道歉文寫得太好了，所以才有這樣的期待？

他說這幾年，他從旁看到蔡政府的確有花滿大一部分努力，希望在這個議題上可以推進。但推進的速度和幅度可能不見得如當初運動者所期待的承諾的速度。有一個過程就是要如何去協調那麼多不同的意見。特別是《傳統領域劃設辦法》不只是牽涉到辦法本身，還牽涉到諮商同意權的行使，這個同意權的行使又碰到不同部落有不同的看法。

問：所以才期待執政者能有意志和魄力一步步推進，蔡政府夠努力嗎？

他微微笑了一下：「持平而論，我覺得這幾年在原住民族轉型正義上，民進黨開了一個開端，能開頭推動已經很不容易了。過去的政府連道歉都很難。如何去進一步推進這些權利的維護，更根本的就是憲法本身的私有財產權問題和原住民族權益的互相矛盾。」

他說：「這幾年，我看到蔡政府花很大的工夫讓諮商同意權的制度能稍微再往前走一點，到目前為止看起來，我認為有些進步。只是進步的幅度是不是如大家所期待，我自己也存疑。」

至於對巴奈他們長期的抗爭，他說：「我純粹從觀察者角度來看，其實和七年前，有一樣的地方，也有不一樣的地方了。一樣的是，這個運動是一個長時間的希望讓原住民族青年，甚至是他們的下一代，有比較清楚的對自我認同的理解。」林飛帆覺得運動本身應是一個如何重塑或重塑的過程，但這符不符合巴奈她們對這個運動的想像：「我就不確定了。」

問：從二〇一六以來，原住民族的權益，在你說的「體制內的努力下」，有了什麼進展？

「對原住民族行動者來講，那個道歉是應該的。我自己從這些在體制內的人的想法來講，他們應該先從這個道歉再繼續往前推進。比方說最近通過的《礦業法》，就是一個比較實際的具體案例。」

對於這場長達兩千多天的抗爭所產生的「效益」和「意義」。林飛帆說：「從過去有一群人持續為原住民族權益的爭取，到這個長達兩千多天的抗爭，我覺得這些都是長時間，希望對原住民族年輕人，甚至下一代的一個『喚醒』的過程。這些都像火種，是有散播出去的，也對許多非原住民，是有『啟發』的作用。」

感謝的話

徐璐

以我的經驗和文字能力，絕對寫不出這樣一本厚重的書。這是一本多方集氣，集力，才完成的書。

首先要謝謝巴奈和那布的信任，願意敞開心胸，完全投入。

特別要感謝時報文化特約專案總編輯曾文娟小姐。除了專業的指點，她也幫忙找了幾位前輩，提供寶貴意見，梳理結構，修改文字。這本書若稱得上「好」，全都是他們的功勞。

巴奈在凱道上的親密夥伴馬躍．比吼、陸君萍小姐、南美瑜小姐，以及地球公民基金會的小男，對我經常簡訊、電話，有時幾乎已達「騷擾」的請教，總是以非凡的耐心詳盡回答我的問題。特別是任勞任怨，以超級耐心處理所有照片圖檔蒐集與建檔的簡正昇先生，我必須鄭重致謝。

也謝謝那布「重返內本鹿」的兩位夥伴——Langus和Katu，以及詹順貴律師和他的妻子林子淩，以一句「義不容辭」，幫忙了法律上的審閱。

我也要謝謝巴奈的好友「蘋果」小姐，不厭其煩協助將訪談錄音檔整理成文字，先做第一次把關，再由我根據訪談筆記修正。

謝謝台東縣池上鄉萬安國小鄭漢文校長、資深音樂工作者陸君萍小姐、新境界文教基金會董事林飛帆先生撥冗接受訪問。在「訪談紀錄」裡，提供了他們的觀點。

謝謝所有照片的攝影者和提供者。封面素描要謝謝巴奈的好友「小女巫」黃培珊義氣相挺。

感謝李雪莉小姐、洪廣冀先生及馬世芳先生一口答應寫序。真情流露、令人熱血沸騰。

最後要謝謝時報文化趙政岷董事長、胡金倫總編輯、何秉修主編、企畫林欣梅小姐，以及美術設計林秦華先生。

要感謝的人太多。因為你們，這本書才能耗時近三年後得以順利出版。

巴奈與那布感謝名單

內本鹿霍松安家屋重建工作隊、子皿有限公司、野果創意、勤練習工作室、牧力感都工作室、風和日麗唱片行、台灣基督長老教會原宣會、凱道部落青年、反核四五六運動、反反反行動聯盟、冉而山劇團、精靈幻舞舞團、鐵花村、原住民族青年陣線、原策會、邵族議會、神山部落青年會、屏東台東排灣族青年會、達魯瑪克青年團、都歷部落青年、東華大學原民院師生、賴咏華、登山補給站、布農文教基金會、公益平台文化基金會、地球公民基金會、法律扶助基金會、林子琳律師、曹欽榮、林子淩、綠色公民行動聯盟、台灣環境資訊協會、台灣蠻野心足生態協會、永社、公投盟、綠色和平、台灣人權促進會、西藏台灣人權連線、原住民同志聯盟、同志諮詢熱線、苗博雅議會辦公室、心的工寮、角頭音樂、劉詩偉樹人咪房、青山在co.、花聲客廳、蚵寮漁村小搖滾、佳和藥局、德華牙科、台北天晴旅店、紅龜曼丁鼓典樂社、女巫店、河岸留言、Cicero Ensemble樂團、台灣音樂文化交流協會、學事所影印印刷大圖輸出……還有許多不知道名字的給我們溫暖的朋友。

凱道小講堂的講師們：

蘇莘 As li-i Mali／拍瀑拉族青年

官大偉 Daya／政治大學民族系教授兼系主任

陸君萍 資深音樂工作者

蔡政良 Futuru Tsai／台東大學公共與文化事務學系教授兼任南島文化中心主任

陳忠駿 Malihan Lhkahlihan／邵族青年

柯俊雄 Katu／內本鹿人文工作室

林高捷 Mosi Oroh／花蓮縣瑞穗鄉瑞祥部落阿美族人

林易蓉 Tipus Hafay／部落文化及產業工作者

謝孟羽 台灣蠻野心足生態協會前祕書長

林益仁 台北藝術大學博物館所教授，台北醫學大學醫學人文研究所前所長

亞弼．達利 Yapit Tali／鎮西堡部落文化工作者

舒米恩 Suming／歌手

撒丰安．瓦林及那 Savungaz Valincinan／2024山地原住民立委候選人

洪崇晏 社會運動參與者

碧斯蔚．梓佑 Pisui Ciyo／表演藝術工作者

汪其楣 劇作家、劇場導演

小魯凱音樂傳創隊

布拉瑞揚．帕格勒法 Bulareyaung Pakaleva／編舞家、「布拉瑞揚舞團」創辦人

蔡中岳 地球公民基金會前執行長

蕭竹均 課審會學生代表

許韋婷 T-WHY台灣打工度假青年協會共同創辦人

Arnel Barbarona 菲律賓導演

以莉．高露 Ilid Kaolo／歌手

桑布伊 Sangpuy／歌手

希巨蘇飛 Siki Sufin／藝術家

羅素玫 Alik Nikar／台灣大學人類學系副教授

童元昭 台灣大學人類學系副教授

利錦鴻 Ulung Lupiliyan／拉勞蘭部落青年會前會長

Ngerenger Lavan 佳平部落青年會前會長

日宏煜 Umin Itei／台北醫學大學醫學人文研究所助理教授

林淑雅 靜宜大學法學系助理教授

耿茱．谷法岸散 Gincu Kuvangasan／地磨兒民族實驗小學教師

蕭賀碩 歌手

郭志榮 漂浪島嶼環境部落客

Cuis Takavu 花蓮春日國小教師

林昱丞 Mayaw Siyo／花蓮春日國小教師

吳豪人 輔仁大學法律系教授

林立青 作家

王信 攝影家

施正鋒 東華大學民族事務與發展學系教授

吳叡人 中研院台史所副研究員

沈清楷 哲學學者、台灣獨立建國聯盟前副主席兼二〇二〇東京奧運台灣正名行動小組召集人

謝若蘭 東華大學族群關係與文化學系副教授

郭佩宜 中央研究院民族學研究所副研究員兼博物館主任

劉優夕 Yusiy／千甲農場執行長

邱顯智 律師

阿洛・卡力亭・巴奇辣 Ado' Kaliting Pacidal／歌手、電視台主持人

比令亞布 Pilin Yapu／台中市博屋瑪國民小學校長

瑪達拉・達努巴克 Danubak Matalaq／台灣原住民基層教師協會理事

啦法告 Lavakaw Kasepelang／魯凱族、神山部落青年

阿里要・拉沃 Adiyaw Laoc／都歷部落青年

王閔耀 Kaisanan Ahuan／中部平埔族群青年聯盟執行長

林飛帆 島國前進前成員、現任新境界文教基金會董事

陳瑤華 東吳大學哲學系教授

黃益中 作家

林果葶 Kuing／英國西敏寺大學媒體研究博士，銘傳大學、台灣藝術大學傳播學院專案助理教授

張凱婷 英國倫敦大學巴特雷學院建築與都市設計碩士

李柏毅 英國倫敦大學管理學博士、陽明交通大學管理科學系助理教授

洪淳琦 律師、英國倫敦大學法學博士

陳胤安 英國肯特大學神學與宗教研究博士

楊雅雯 英國倫敦大學法學博士

邱金士 Auvinni Kadreseng／作家

林嘉男 地球公民基金會前專員

思嘎亞・曦谷 Skaya Siku／法國國立社會科學高等研究院博士

林春元 中原大學財經法律系副教授

黃瑋傑 歌手

邱寶琳 Piling Howmi／東華大學族群關係與文化學系博士

裴家騏 東華大學環境學院前院長

Ciwang Teyra　台灣大學社工系副教授

蔡志偉　Mona Awi／東華大學財法所副教授

瓦歷斯・貝林　Walis Perin／原轉會副召集人

王增勇　政治大學社工所教授兼所長

邱韻芳　暨南國際大學原鄉發展專班主任、東南亞學系副教授

高潞・以用　Kawlo Iyun／時代力量前不分區立委

鄭天財　Sra kacaw／國民黨立委

吳雅雯　Yabung／原住民族長期照顧修法聯盟專員

陳嘉霖　台灣團結聯盟前政策部主任

賴韋利　Kai Limadjakan／原青陣蔡英文原民政策監督平台

宋海華　Cudjuy Patjidres／排灣族傳統拍刺藝術家

張佳蓉　Maiya／原青陣青年

洪湘雲　Vavauni Ljaljegean／台南神學院校友、傳道師

郭素秋　中研院史語所副研究員

吳玉琴　民進黨不分區立委

伍杜米將　清華大學台語所、中原大學設計學院原住民專班講師

蕭世暉　Pasang Hsiao／原住民族議會行動聯盟志工

蔡雅瀅　台灣蠻野心足生態協會律師

蘇活　拍瀑拉族權益促進會國際發展部主任

潘啟新　馬卡道族人

潘經緯　原轉會東區平埔族群委員

林俊農　噶瑪蘭族人

李根政　地球公民基金會董事長

林文正　新竹高中教師

酆景文　台灣人文煮意麵團發起人

陳妍婷　政治大學統計系校友

潘美　國北教原緣社成員

陳軍鈞　台灣大學人類學所校友

蔡喻安　台灣共生青年協會理事長，第五屆、第十屆共生音樂節總召

顏愛靜　政治大學地政系兼任教授

孫振義　政治大學地政系教授

戴秀雄　政治大學地政系副教授

黃長玲　台灣大學政治系教授

曾巧忻　Eleng Ubalat／賽嘉部落族人

烏舜安咿　達邦樹網站創辦人

黃國昌　時代力量前立法委員

李承宗　音樂人、神經科學家

毛恩足　Danubak／歌手

潘育哲　凱達格蘭族協會成員

劉璧榛　中研院民族所研究員兼副所長

部落互助托育行動聯盟

徐超斌　Djaikung Luveljeng／南迴醫院創辦人

江芝華　台灣大學人類系專任助理教授

許瀞月　台北市立大學視覺藝術系教授

鍾國芳　中研院生物多樣性研究中心博物館主任兼研究員

陳信行　世新大學社會發展研究所教授

顧玉玲　作家、社會運動者

楊國楨　工傷協會顧問

撒舒優・渥巴拉特　Sasuyu Upalat／紀錄片導演

黃榮墩　好人會館花蓮青少年公益組織創辦人

林怡君　美國南康州州立大學婦女研究系教授兼主任

弗耐・瓦旦　Baunay Watan／紀錄片導演、教育家、泰雅族藝術家

范燕秋　台灣師範大學台史所前所長

古名伸　北藝大舞蹈學院名譽教授、前院長

林欣怡　編劇、導演，曾任台北藝穗節策展人

羅永清　屏東大學原住民族健康休閒與文化產業專班助理教授

黃嵩立　人權公約施行監督聯盟召集人、陽明交大公衛所教授

Erin　藝術家

高俊宏　藝術家、高雄師範大學跨領域藝術研究所助理教授

蘇雅婷　荒野保護協會台東分會議題組志工

方喜恩　Si'ong Balay／宜蘭縣崗給原住民永續發展協會理事長

王繼三　資深音樂人

林秀珍　台南女中國文教師、台灣文化隊社團指導老師

施芊卉　政治大學民族系校友

陳秉亨　台灣環保聯盟祕書長

劉益昌　成大考古所特聘教授

陳耀昌　台大醫學院名譽教授、作家

李孟儒　Sra Manpo Ciwidian／政大民族所校友

邱凱莉　台灣神學院都市原住民神學院研究室主持人

王力平　里山基金會發起人

王梅霞　台大人類學系專任教授、臺大原住民族研究中心主任

劉炯錫　台東大學生命科學系教授

黃靖庭　地球公民基金會花東山林組主任

簡錫堦　台灣守護民主平台監事

潘志偉　A-Deng／導演

海樹兒・犮剌拉菲　Haisul Palalavi／台北市原住民族部落大學校長

許光輔　「垃圾治療團」成員
張淑蘭　雅布書卡嫩居家護理所負責人、居家護理師
楊貴智　法律白話文運動站長、大恆國際法律事務所律師
蔡友月　中研院社會所副研究員
辛年豐　逢甲大學土地管理系副教授
李馨慈　Tjuku Ruljigaljig／屏東大學原住民專班副教授
達卡鬧　Dakanow／音樂創作工作者
許毓仁　國民黨前不分區立法委員、TED×Taipei 共同創辦人
劉曼儀　Langus／內本鹿霍松安家族重建工作隊隊員
杜珊珊　Mavaliv Mulinu／卡拉魯然部落大家長
蔡丁貴　公投盟總召、前自由台灣黨主席、台大土木工程學系名譽教授
鍾佳陵　紀錄片導演
謝來光　Iranmeylek／野海子餐坊員工
鄭有傑　導演
張皓荃　獨立影像工作者
紀駿傑　東華大學族文系教授
羅智強　廣播主持人
鄭仰恩　台灣神學院教會歷史學教授
李明璁　學者

童智偉　野果創意工作室負責人
努儂・布海　Nunung Puhay／阿米斯音樂節工作團隊
鄭宜豪　Yihao Cheng／阿米斯音樂節舞台監督
王奕凱　台灣聯合國協進會理事，喜樂島聯盟共同發起人
劉敬文　社運人士
李後璁　山鹿自然工作室創辦人
詹順貴　環境律師
陳慈立　Ljavaus Demaljalat／台灣公共衛生促進協會專員
高瑋蘋　Kawlo Pongal／台灣公共衛生促進協會專員
鍾適芳　音樂製作人、策展人
陳潔瑤　Laha Mebow／導演
王有邦　攝影家
陳政亮　屏東大學社會發展學系兼任副教授
廖幸渝　珠寶金工設計師
黃清琦　青刊社地圖工作室負責人
駱明永　台灣百合工作室創辦人
吳東晏　UBI Taiwan 無條件基本收入台灣協會前活動部長、產品企劃
馬蓋碩　UBI Taiwan 無條件基本收入台灣協會研究組員

大步往前的巴奈。2017年3月13日，《凱道上的稻穗》EP封面拍攝／陳建維攝影

禁止停車
車輛改道
車

新人間 414

巴奈回家：凱道・二二八公園的二六四四天

作　者—巴奈、徐璐
特約專案總編輯—曾文娟
主　編—何秉修
企　畫—林欣梅
封面暨內頁設計—林秦華
封面素描—黃培珊
攝　影—劉曼儀、林祐竹、吳昭晨、Steven Andrew Martin、李潛龍、李小石、Apple、簡正昇、蔡名修、顏霖沼、鄭舜仁、黃子明、施銘成、李偉弘、陳若軒、林相如、陳建維
照片提供—南天書局、原舞者、角頭音樂、河岸留言、阿桑劇團、Steven Andrew Martin、劉曼儀、內本鹿霍松安家屋重建隊
內頁排版—立全電腦印前排版有限公司

總　編　輯—胡金倫
董　事　長—趙政岷
出　版　者—時報文化出版企業股份有限公司
一〇八〇一九 台北市和平西路三段二四〇號七樓
發行專線—（〇二）二三〇六六八四二
讀者服務專線—〇八〇〇二三一七〇五
（〇二）二三〇四七一〇三
讀者服務傳真—（〇二）二三〇四六八五八
郵撥—一九三四四七二四時報文化出版公司
信箱—一〇八九九臺北華江橋郵局第九九信箱

時報悅讀網—www.readingtimes.com.tw
時報文藝／Literature & art臉書—https://www.facebook.com/readingtimesLiterature
法律顧問—理律法律事務所　陳長文律師、李念祖律師
印　　刷—華展印刷有限公司
初版一刷—二〇二四年四月二十六日
初版五刷—二〇二四年七月十二日
定　　價—新台幣四八〇元

時報文化出版公司成立於一九七五年，
一九九九年股票上櫃公開發行，二〇〇八年脫離中時集團非屬旺中，
以「尊重智慧與創意的文化事業」為信念。

巴奈回家：凱道.二二八公園的二六四四天/巴奈, 徐璐著. -- 初版. -- 臺北市：時報文化出版企業股份有限公司, 2024.04
288面；15×21公分. -- (新人間；414)
ISBN 978-626-396-155-5(平裝)

1.CST: 臺灣原住民族 2.CST: 社會運動

536.33　　　113004777

ISBN 978-626-396-155-5
Printed in Taiwan